改訂版

新・ティーチング・プロフェッション

次世代の学校教育をつくる教師を目指す人のために

THE TEACHING PROFESSION

曽余田浩史・岡東壽隆 編著

明治図書

はじめに

本書は、教育職員免許法施行規則に定められた教職専門科目「教職の意義等に関する科目」のためのテキストである。

この科目はすべての教職専門科目で最初に位置づけられている関係で、受講生の中には、教職を強く志望している人、免許状取得が卒業要件になっている人、免許状だけはとりあえず取得しておこうと考えている人、さらには、教育学には関心があるが必ずしも教師を希望しない人など、様々な人がいるだろう。本書は、このような様々な人たちが、入学後の比較的早い時期に「職業として教職を選択するとはどういうことか」を理解し、人生設計の最初の段階の意思決定を行うことを支援する目的で編集した。

教育基本法第九条は「教員」について次のように記している。

法律に定める学校の教員は、自己の崇高な使命を深く自覚し、絶えず研究と修養に励み、その職責の遂行に努めなければならない。

2　前項の教員については、その使命と職責の重要性にかんがみ、その身分は尊重され、待遇の適正が期せられるとともに、養成と研修の充実が図られなければならない。

ここでいう「崇高な使命」「職責」「身分」とは何だろうか。なぜ「絶えず研究と修養に励」むことが大事なのだろうか。それを理解するには、教職の基本的な性格や原理をつかむ必要がある。

本書の特徴の一つは、教職の専門職的性格にこだわっていることである。教職は、英語で「ティーチング・プロフェッション（teaching profession）」という。プロフェッションすなわち専門職に従事する者の行動原理は、公共的な価値実現に貢献するという使命感をもち、自らの専門性に自尊心と責任感をもち、その専門性に基づき自律的に行動する、というものである。「崇高な使命」も「学び続ける教師」もこの原理に由来する。

第二の特徴は、教師の「学び合う協働性」を強調している点である。様々な課題を抱えた学校現場において、「一人ひとりの教師ががんばれば学校はよくなる」という考え方は通用しなくなった。いかなる問題を解決する場合にも、同僚教師、管理職、保護者、地域の人々、行政等の間でコミュニケーションをとり、何らかの学び合う協働関係をつくることが基本となる。

第三の特徴は、わが国の教師たちがこれまで大事にしてきた「不易」を大切にしながら「流行」に向き合うというスタンスをとっていることである。

本書は教職へのガイダンス資料である。しかし、そうであっても大学のテキストである。ゆえに教師教育学や教育経営学の知見と専門用語を使用し具体的な記述を心がけている。講義者は一つひとつの授業において平易に説明すると思うが、この授業を通じて学習したことや熟考したことは、その後に受講する教職課程の学習の課題意識やそれを達成していく筋道等の基礎になるものと確信している。

曽余田浩史
岡東　壽隆

目次

Ⅴ　教育的な関係

Ⅵ　教師の仕事（一）授業

XII　古典に学ぶ

Ⅰ 専門職（プロフェッション）としての教師

一 教育を受ける立場から教師としての立場へ

① ある教師の言葉

「わずかな教育実習で、子供たちの純粋さ、無邪気さに感動して、何もかもわかったようなつもりで、輝かしい毎日を思い描いて教員になりました。しかし、実際に教師になってみると、何事も思いどおりにいかず、自分が情けなくなることもしばしばありました。天使のような子供たち、と思っていたのに、いざ就職してみると、その子供たちのことで悩みつづける毎日でした。嫌なことやつらいことばかりで、何度も心の中で、教師になったことを後悔しました。でも、そんな子供たちが、何かちょっとでも、昨日とはちがう一面を見せて、成長が感じられると、やっぱりくじけずにがんばってみようという気になり、問題を解決するために、あの手この手と、手をかえ品をかえ、挑戦してきました。結局、何もうまくいかなかったけれど、それでもやはり、子供の成長する姿が、教師としての生き方を考えさせてくれたと思います」（林、63頁）

この文章は、ある調査で「あなたの教師としての生き方に最も影響を与えたと思われること」を尋ねた際の回答の一つである。教師という仕事が「安定した仕事だから」という経済的報酬よりも「児童生徒の成長を感じる時」の精神的報酬によって支えられる職業であること、そして地道で粘り強い取り組みが重要であることがうかがえる。

教職を目指す理由として「子供が好きだから」ということを挙げる人が多い。また、「子供とともに泣いたり笑ったりできる教師」「子供の気持ちがわかる教師」になりたいという人も多い。「熱意」と「愛情」があれば様々な困難も克服できると考えている人もいるかもしれない。だが、これらの思いや考えは、貴重で大切なものかもしれないが、これまでの教育を受ける立場からの、ごく限られた体験に基づくものであろう。

そこで、教育を受ける立場から、あるいは自らを教育実践の圏外に置いた評論家的な立場から、教師としての立場、教育実践に直接責任をもつ当事者の立場に立ってみよう。

実際、教壇に立った時に目の前にいるのは、自分がイメージしていた生徒たちだけではない。わがままな生徒もいれば、引っ込み思案な内気な生徒もいる。先生が気に入らないからと教室を出ていく生徒もいれば、どうしても相性が合わない生徒もいる。こうした生徒の存在をも含めて向き合う姿勢がなければ、本当に「子供が好き」ということにはならないだろう。「熱意」にしても、生徒に一生懸命訴えかければ心が通じるというものではなく、何の反応も返ってこないかもしれない。また、気の合った生徒だけを抱え込もうとする利己主義的な「愛情」は他の生徒たちの反感を招くだろう。その生徒の将来を思えば、たとえ嫌われてでも、壁として立ちはだかることも必要である。

ある小学校の校長先生から「〈炎〉のような先生より〈炭火〉のような先生の方が好きだ」という言葉を聞いたことがある。教師にとって、熱意や愛情などの「人間性」はもちろん重要だが、それだけでは十分ではない。多様で個性的な存在である子供たちと向き合う教師という仕事は「どうしてうまくいかないのだろう」「こんな場合どうしたらいいのか」という問題状況の連続であり、そのつどの判断や意思決定の連続である。

この判断や決定が独善的なものや恣意的なものではなく、根拠をもった確かなものであることを保障するためには「専門性」が要求されるのである。

教師という仕事すなわち「教職」とは、公認された資格をもって教師の仕事を専門的な職業とする職域のことである[注1]。英語ではティーチング・プロフェッション（teaching profession）という。profession という言葉は、その語源において profess すなわち神の託宣を受けた者を意味する。神の仕事を代行する者として登場し、神の意思を遂行することを使命としていた（佐藤、二〇〇一、4―5頁）。「プロフェッション＝専門職」の典型的な職業は、医師や弁護士や聖職者である。専門職に従事する者の行動原理は、次のようなものである。

・公共的な価値実現に貢献するという強い使命感と責任感をもつ
・高度な専門的知識・技術をもち、それに対して自尊心と責任を有する
・その専門性に基づいて自律的な意思決定をして行動する
・自らの専門性を高めるために、絶えず研究と修養に励み、学び続ける

（岸本・久高、一九八六、25頁）

本章では、専門職としての行動原理に着目しながら、教師という仕事の意味や特徴を考えてみたい。

❷「教師」という言葉とその類語

まず、「教師」という言葉とその類語について押さえておきたい。学校の「教師」を指す言葉として、「先生」「教員」「教職員」「教諭」などがある。

「先生」は、学校の教師だけでなく、塾や予備校の講師、医師、政治家、弁護士、小説家などにも使われる。この言葉は、何かを教えてくれる人や尊敬している人につける敬称である。法律や公文書では「教員」が使用

される。これは、学校に勤務して児童生徒の教育に直接的にたずさわる人を指す法令上の用語である。「教員」には副校長・教頭・主幹教諭・指導教諭・教諭・養護教諭・助教諭などの職種がある。「教諭」はそのうちの一つの職名である。「教諭は、児童の教育をつかさどる」と法律（学校教育法第三十七条十一項：中学校および高等学校等にも準用）に定められている。そして、教育にたずさわる「教員」と教育に関する事務・技術にたずさわる「職員」（事務職員や学校栄養職員など）をあわせた学校関係職員の総称が「教職員」である。「教師」は、師弟関係の「師」に表されるように、「教え導く人」「教育者」としてのあるべき姿や価値観を含んだ意味合いをもって使用されることの多い言葉である。

本書では主に「教師」を用いるが、その文脈によって適宜用語を使い分けることにする。

二 教師の仕事と使命

❶ 教師の仕事

教師という職業は、これまで小学校・中学校・高等学校で日々接してきた最も身近な職業のはずである。しかし、教師の実際の仕事内容は、教育を受ける立場からは案外見えにくいものである。すぐに思いつくものを挙げてみると、授業やクラブ活動指導や生徒指導などであろう。だが、教師の仕事はそれだけではない。もっと様々な仕事を行っている。

○授業に関すること

・指導計画の作成　・教材研究や教材作成などの授業準備　・授業　・生徒の課題の整理

・テストの作成や採点、成績処理、通知表・調査書・指導要録の作成などの学習評価
・休憩時間や放課後の個別指導　・補習

○生徒指導、学級経営など

・学級・ホームルームの生徒指導（児童生徒理解、集団の人間関係づくり、基本的生活集団の確立、問題行動への対処、教育相談、学級の活動記録の作成、学級通信の作成など）
・特別活動（学級活動・ホームルーム活動、生徒会活動、学校行事の企画・運営・指導）
・進路指導・キャリア教育（進路相談、進路情報の収集・整理など）
・家庭・地域・関連機関との連携

○校務分掌（学校全体に関する仕事の分担）

・教務部、進路指導部、生徒指導部など

○部活動の指導

・平日の指導　・遠征・試合の引率など

○研修

・行政機関や大学などでの校外研修　・授業研究などの校内研修

これらの仕事の他に、様々な会議（校務運営会議、職員会議、学年会議、教科会議、各部会・委員会など）がある。また、不測の事態が生じた場合には、仕事はさらに増えることになる。

②学校教師の使命

このように、教師は授業だけでなく、多種多様な仕事を行っている。時には、これは本来教師のやるべき事

柄なのだろうかと感じざるを得ないものもある。では、そもそも教師の使命（ミッション）とは何なのだろうか。学校の教師は、家庭教師のように、生徒や保護者の私的な利害・関心に応えればよいというものでもないし、予備校の講師のように、受験のための学力をつけることに専念すればよいというものでもない。学校の教師の使命を考える時、そもそも学校教育の目的とは何かを問う必要がある。

教育基本法第一条は、教育の目的について次のように規定している。

「教育は、人格の完成を目指し、平和で民主的な国家及び社会の形成者として必要な資質を備えた心身ともに健康な国民の育成を期して行われなければならない」

この規定を踏まえると、教育の目的は次の二点に集約できる。（中央教育審議会答申「今後の学校の管理運営の在り方について」二〇〇四年三月四日）

・一人一人の自己実現、個人の資質・能力の向上の観点から、人格の完成を目指し、個人の能力を伸長し、自立した人間を育てること

・国家・社会の存立、国際社会の一員としての観点から、国家・社会の形成者としての資質を育成すること

学校における教育はその中心的な役割を担う。学校教師の使命はまさにこの二点である。教師の仕事は、個々の子供のためであると同時に、社会の存続・発展のためにも重要な意味をもっている。

三　教職の専門性とは

❶ 教師専門職論

　実際、生徒たちと向き合って教師としての仕事を行っていく場面では、この指導が生徒たちにとってどんな意味をもつのか、どのような内容や方法で教えるべきかといった一連の判断や意思決定を行わなければならない。その際、それらの判断や意思決定が独りよがりや恣意的なものではなく、根拠をもった確かなものであるためには、教師としての使命の自覚とともに高い識見や専門性が求められる。

　教職の専門性についての論議は、わが国では、一九六六年に出されたＩＬＯ・ユネスコによる「教員の地位に関する勧告」をきっかけとして展開された。この勧告は「教育の仕事は専門職（profession）とみなされるべきである。この職業は厳しい、継続的な研究を経て獲得され、維持される専門的知識および特別な技術を教員に要求する公共的業務の一種である。また、責任をもたされた生徒の教育および福祉に対して、個人的および共同の責任感を要求するものである」と述べている。この勧告以来、教師自らが専門職として教職を遂行することを主張し、政策的にも専門職モデルが目指されてきた。

　医師や弁護士や聖職者をはじめ専門職とみなされる職業は、一般に次のような要件を充たしている（佐藤、一九九六、136頁）。

一　個人的な利益ではなく大衆の福祉に貢献する公共性と社会的責任で特徴づけられる職業であること

二　大衆の保有していない高度の専門的な知識や技術によって遂行される職業であること

三　その高度の専門的な知識や技術の教育を大学院段階の養成システムで保障していること
四　採用や罷免や職務の遂行にかかわる専門家としての自律性（professional autonomy）を制度的に保障していること
五　弁護士会や医師会のような、専門家としての自律性を行政権力から擁護し、自ら専門家としての知見や見識や倫理を高め合う専門家協会（professional association）を組織していること
六　専門家としての社会的責任を自己管理する倫理綱領を持っていること

専門職は、高度の専門的知識や技術をもつゆえに、外部からの指図や統制を受けない職務上の自律性を保障されている。そして、指図や統制を受けないかわりに、専門家同士による相互批評が重視される。

教職の実態を六つの要件に照らし合わせてみると、一の要件は充たしているものの、他の五つの要件については充たしていない。高度の専門的知識・技術の点では、教職には「子供たちをどのように理解するか（児童生徒理解）」「何を教えるか（教育内容）」「どのように教えるか（教育方法）」などの専門的知識・技術が必要である。しかし、医師のように「高度」といえるほどの、科学的に厳密で体系的な専門的知識や技術は存在しない。自律性の点では、教室において一定の自律的な教育活動を行っているものの、学習指導要領などの制約のもとで文部科学省や教育委員会などの行政から自律した自由は認められていない。養成については、大学院段階の教員養成の高度化を推進しているものの、基本的には学部段階で養成教育を保障しており、資格取得も容易である。さらには、医師会や弁護士会のような専門家協会をもっていないし、倫理綱領による資格の自己管理を行っているわけでもない。つまり、典型的な専門職と比べて、教職は専門職としての可能性をもっているものの、その内実を伴っていないので、準専門職（semi-profession）という位置づけをなされてきた。

❷ 教師の仕事の特質

しかし近年、ドナルド・ショーン（Donald Schön）によって示された、「技術的熟達者（technical expert）」から「反省的実践家（reflective practitioner）」への専門職像の転換をもとに、教職の専門性の捉え直しが進められている。

「技術的熟達者」モデルは「技術的合理性（technical rationality）」、すなわち専門的・科学的な知識や技術を実践に適用することを基本原理とする。専門性の基礎と考えられているのは、問題を解決するための専門的知識や科学的技術である。このモデルでは、どの教師やどの教室にも通用する一般化された教育方法や生徒理解などの専門的知識や技術の存在を前提として、それらを教育場面へ適用する過程が教育実践であると想定する。そして、それらの知識や技術を習得することによって教師は専門性を高めていくと考える。

しかしながら、教師の仕事ないし教育という実践は、その特質上、専門的な知識や技術の厳密化・体系化が困難な領域である。その特質とは、不確実性と無境界性である。

不確実性とは、この教育実践をすれば必ず成果が上がるという保障はどこにもないことを意味する。医療の場合、どの医者であれ、この病気の患者に対してはこの処置（薬、注射、手術など）を施せば一定の効き目があるというような確実性の高い専門的知識や技術が存在する。しかし、教育の場合、ある教師が成功した実践を他の教師が同じように実践しても成功するかどうかの保障はない。むしろ人それぞれのキャラクターや能力に合ったやり方がある。その同一の教師でさえも、ある教室において成功したやり方が別の教室で成功するとは限らない。なぜならば、生徒たちは多様で予測不可能だからである。生徒たちはそれぞれ固有の経験、成育史、家庭の背景をもっており、それぞれ異なった学習スタイルや態度を身につけて学校にやってきている。こうした生徒たちの個別具体的な多様性ゆえに、教師の仕事は不確実になる。

さらに、教育の目的の多様性や曖昧さによっても、教師の仕事に不確実性がもたらされる。何がよい教育なのか、教育の目的とは何なのかという価値観さえも人によって多様であり、合意形成は難しい。「一人前」「生きる力の育成」「人格の完成」といっても抽象的であり、それが具体的に何を意味するかは人によって解釈が異なる。そのため教育実践を評価する基準も多様かつ曖昧となる。

もう一つの大きな特質である無境界性とは、どこまでが教師の仕事の範囲や責任なのか、その境界線が不明瞭であることを意味する。医者の場合、患者に処置を行い病気が治癒すれば、そこでその患者に対する仕事は完了する。しかし、教師の場合、たとえ担当の授業や学年が終わったからといって、そこでその生徒に対する教育そのものが完了したといえるわけではない。生徒のためにやろうと思えばきりがない無定量な「終わりなき職務」である。

学校信仰が薄らいだ今日、子供・保護者・地域住民の無理解さや過剰かつ複雑な要求が無境界性を増大させている点も否めない。教師は、否応なく無境界性という特質を受け入れざるを得ないので、夜間の学校周辺・繁華街の見回り、クラスの生徒が引き起こす事件や事故への対応など、本来学校の仕事かどうかわからない事柄も、周囲から「当然のこと」と評価されるのである。無境界性は教師の多忙状況の源泉となる。いわゆる教育熱心で献身的な教師ほど、多くの仕事を抱え込む傾向がある。

不確実性と無境界性という特質は、教師という職業を非常に困難なものにする要因である。しかし逆説的ながら、これらの特質ゆえに、教職は魅力的な職業でもあるという側面をもつ。仕事が不確実で一般化・標準化できないゆえに、教師自らが教育の内容や方法を創意工夫し、生徒たちと相互にかかわり合っていくことができる。また、仕事の範囲の境界線が不明瞭であるがゆえに、何をどこまでするべきかの判断を教師自らが行える可能性がある。いずれにしろ、不確実性と無境界性という特質ゆえに、教師は個別具体的な状況に応じて自律的に判断や意思決定を行わなければならないのである。

❸ 反省的実践家としての教師

前述のような特質をもつ教師という職業を捉え直すのにふさわしい専門職像は、「反省的実践家」モデルである。反省的実践家は「行為における省察（reflection in action）」を実践原理とする。不確実で複雑な状況では、何が問題なのかさえ曖昧であるので、問題解決のための既存の知識や技術を実践場面へ適用しようとするだけでは対応できない。問題の〝解決〟に向かう前に、その状況の意味を認識して問題の〝設定〟をしなければならない。そのために、個別具体的な状況との対話を通して、自らの暗黙の前提となっているモノの見方や考え方の枠組み（教育観、生徒観、授業観、人間観、世界観……）を吟味しながら、その状況や出来事の意味を省察し探究していく。このモデルで専門性の基礎と考えられているのは、こうした反省的思考（リフレクション）である。

例えば優れた教師は、生徒たちや教室の出来事について、自分のモノの見方に一方的にあてはめて解釈するのではなく、多角的・多義的・複合的に自分自身の見方を省察し組み替えて、絶えず新しい事実の発見をしている。また授業場面において、生徒の一つの発言に対して、それを、授業の展開、教材の内容との関係、他の生徒との関連において理解し、その意味と発展方向を推論している（稲垣・佐藤、104―112頁）。反省的実践家と技術的熟達者との違いは図表Ⅰ―1によって示すことができる。技術的熟達者は、自らの前提や枠組みを自明視したまま、「どうやったらうまくいくか」と問題解決のために役立つ知識や技術に関心を向ける傾向にある（＝シングルループ学習）。これに対し、反省的実践家は、「自分のモノの見方はこれでよいか」「何のために、なぜ自分はそのやり方にこだわっているのか」と自らの前提や枠組みを吟味し新たに再構築していくのである（＝ダブルループ学習）。

図表Ⅰ―１：シングルループ学習とダブルループ学習
（出典：Argyris、68頁、一部修正）

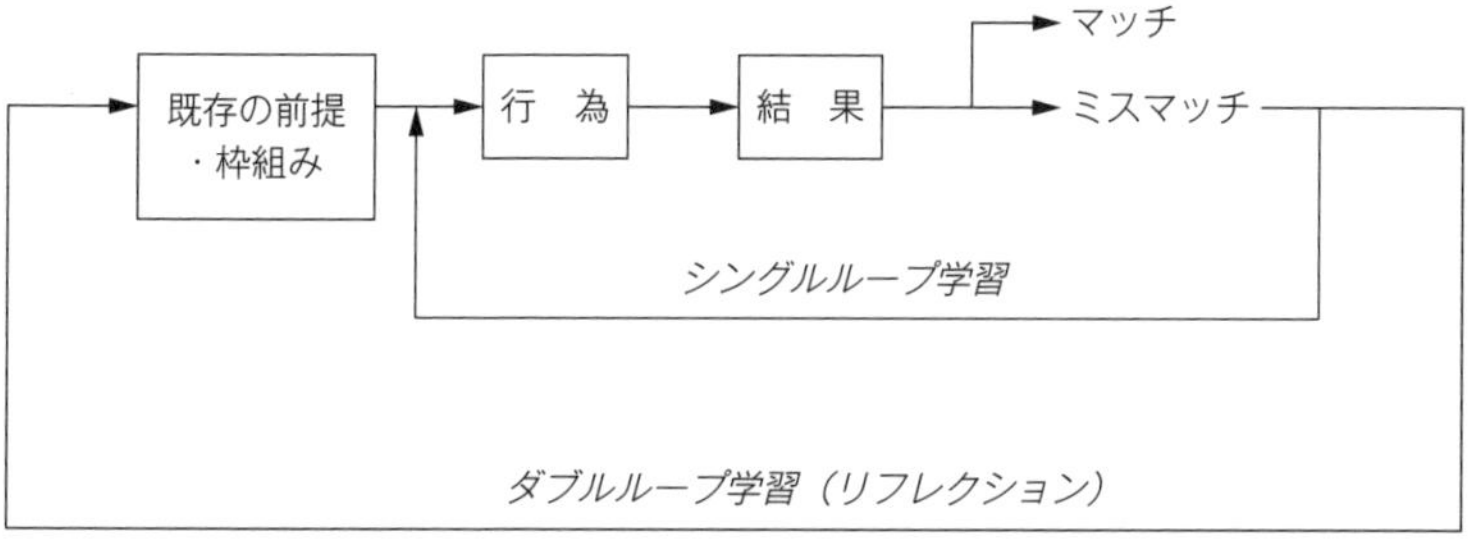

生徒たちがよりよくなるように創造的実践に挑戦し、失敗を繰り返しながら、自分自身を吟味することを通して教師として成長していく。教師という職業は、苦労や自己犠牲も多いが、そのぶんやりがいのある仕事だといえよう。

【注】

注１　「文部科学統計要覧（平成30年版）」によると、二〇一七年五月一日現在の教員数（本務者）は、国・公・私立の合計で、小学校教員が４１８７９０人、中学校教員が２５００６０人、義務教育学校教員が１７９８人、高等学校教員が２３３９２５人、中等教育学校教員が２６１０人、特別支援学校教員が８３８０２人である。

【参考文献】

秋田喜代美（一九九六）「教師教育における『省察』概念の展開」、森田尚人他編『教育学年報５　教育と市場』世織書房、451―467頁

稲垣忠彦・佐藤学著（一九九六）『授業研究入門』岩波書店

岸本幸次郎・久高喜行編著（一九八六）『教師の力量形成』ぎょうせい

ドナルド・ショーン著、佐藤学・秋田喜代美訳（二〇〇一）『専門家の知恵』ゆみる出

版
佐藤学（二〇〇一）「専門家像の転換―反省的実践家へ」、前掲書、1―11頁
佐藤学著（一九九六）『教育方法学』岩波書店
佐藤学著（一九九七）『教師というアポリア』世織書房
林孝（一九九四）「教師の力量形成と学校の組織風土・組織文化」平成7年度科学研究費補助金（一般研究C）研究成果報告書
Argyris, C. (1999) On organizational learning, Blackwell Business.

Ⅱ 教師を養成するシステム—教師になるための学び—

一 教員養成

① 教員養成とは

教師になるためには、教員免許状が必要である。教員免許状は、教科に関する知識・技能、子供の成長・発達に関する理解、教育内容の編成と指導の方法、高度の職業倫理など、教師として必要な資質能力を身につけていることを公証するものである。この免許状を取得しようとする者は、大学等において教職課程を履修し、教師としての資質能力を養う教員養成教育を受けなければならない。

教師の資質能力の向上という観点から見ると、大学における養成段階は、教師としての資質能力の形成を完了する完成教育ではなく、最小限必要な資質能力を身につける準備教育といえる。教師の資質能力は、教職生涯にわたり絶えず向上が図られるべきである。すなわち、①大学における「養成」、②都道府県・政令指定都市教育委員会による「採用」、③教師になってからの「研修」という各段階を通じて行われるものである。近年定着してきた教師教育（養成教育と現職教育・研修を統合して捉える概念）の考え方に沿えば、教員養成は、教師になってからの成長の土台を形成する意味で重要である。

本章では、教員養成の理念、制度、歴史などを押さえながら、教師を目指す読者が養成教育を受けることへの理解を深めるための内容についてふれたい。

② 教師はどう養成されてきたか

現在の教員養成制度は第二次世界大戦前の制度に対する反省をもとに設計されている。その詳細を述べる前に、戦前期の教員養成がどのように行われていたのか、いかなる課題があったのかについて振り返ってみよう。

(1) 教師育成を目的とした学校での養成─師範学校─

戦前期には、教員養成のための学校が存在した。その名を「師範学校」といい、全国に設置されて各地の小学校教員養成を担った。教職を第一の目標として一定の修練を積んだ堅実な教員を輩出し、義務教育の基盤を支えた。教員特有の知識や技術、教育者としての自覚を重視し、それを備えさせようとする「プロフェッショナリズム」の考え方が師範学校の根底にあった。

師範学校は、優れた教員をつくるためにいくつかの工夫をしていた。一つ目は金銭的援助である。師範学校生徒は学費を免除され、生活費の一部を国や県から支給された（給費制度）。そのため、裕福ではないが成績優秀な者が入学を目指したとされる。二つ目は全寮制だ。寄宿舎での集団規律と軍隊式訓練が、真面目で統率力の高い人物を育てるとともに、職務命令に忠実という教員としての資質形成に一役買っていた。「教員をつくる」と表現したのにはそうした背景がある。三つ目は進路の保障（固定）である。卒業生は、指定された公立学校での一定期間の勤務が義務づけられていた（服務義務）。また、卒業証明が教員免許状の取得と同義であるため、生徒は安心して勉学に勤しむことができたと推測できる。

しかし、これらの特典や制度がもつネガティブな側面を指摘しておかねばならない。給費制度はあらかじめ優れた青少年を集めるのに有効だったが、彼らに「家庭の経済的事情でエリートコース（中学—大学）に乗れないから師範学校にきている」という劣等感をもたらすこともあった。また、全寮制は教師としての道徳性を無理に完成させるよう仕向ける装置として働いたり、学生間の過剰な規律指導などによって教師に必要な資質能力とはかけ離れた面従腹背の気質あるいは卑屈さを醸成したりするという欠点があったという。

そうした養成方法は、「師範型」と呼ばれる教師タイプ—真面目だが偽善的で融通がきかず陰鬱としている—をつくってきたとして、戦後教育改革において強い批判をあびる。

(2)学問を基盤とした養成—中等教員の在り方をめぐって—

中等教員の養成（供給）ルートは大きく分けて三つあった。①高等師範学校[注1]、②文部省の教員検定試験、③無試験検定である。①と③は教員養成の方針において両極に位置し、その違いは教師になるための特別な知識や訓練を重視するか否かにあった。

①高等師範学校は師範学校を発展させたもので、中等教員養成の中核となるべくつくられた。しかし校数は少なく、拡大する教員需要に応えることは困難で、主要ルートにはなり得なかった。

よって、②と③を経た教員が大半を占めた。②は「文部省師範学校中学校高等女学校教員検定試験」といい、厳しい競争率のために合格者には相応の権威と名誉が伴った。試験問題には教育の理論や歴史に関する知識を問うものもあったが、力点が置かれていたのは教科専門に関する知識量であり、学問重視の性格がうかがえる。

③無試験検定は、大学や専門学校の出身者が教員資格を得られるルートである。文部省に許可を受けた大学等を卒業した者は、教員検定のうち学科試験が免除される。この制度は官立大学にしか認められていなかった

が、徐々に公・私立の高等教育機関にも拡大した。無試験検定は、教科内容について秀でた教師を生み出す制度ではあった。しかし、必ずしも教職のための講義が十分に設けられているわけではなく、教育学や教育実習は軽視されていた。よって、優れた教員たる資格は高いレベルの学問（＝教科専門の学力）を修めた者にあるという考え方が中等教育界に根づいていった。

以上のように、中等教員養成は多様なルートから成っており、そこでの教師の資質能力の基盤は教科の専門知識の深さにあったといってよい。

(3) 戦後教員養成の二大原則―「大学における教員養成」と「開放制」―

現在の教員養成の根底には、「大学における教員養成」と「開放制」の二大原則がある。前者は、教員としての完成教育に終始していた師範学校から、学問研究の自由をもつ大学に養成の場を移し、幅広い教養と深い専門性を備えた者に教員資格を与える原則である。後者は、教員養成を直接の目的としない大学・学部においても、文部科学大臣による教職課程の認定を受けたならば、教員免許状取得に必要な単位を授与することができる原則である。これにより、中等教員養成において軽視されていた教職専門科目が、明確にカリキュラムに盛り込まれた。また同時に、国公私立にわたる多様な大学が教員養成にたずさわることを可能にした。

「大学における教員養成」の最も大きなねらいは、教員資格をすべて大学卒にして、資質能力の向上を期したところにある。敗戦直後の時代において、その試みは世界レベルでみても先駆的であった（佐藤、二〇一五）。この原則がもつ、学力の高さが教師の専門性を引き上げるという考え方は「アカデミズム」によるところが大きい。他方で、戦前期には教育に関する理論や技術を科学的に検証し、体系的知識としてまとめる努力が不十分であったことを受けて、大学には「教育学」の研究を進めて教師教育を発展させていくことが求められた。

その役目を引き受ける先頭に立ったのが、国立の教育（学芸）大学と教育学部である。確かに前述のように、教育学部でなくとも免許状取得は可能である。しかしそれはあくまで資格取得の話であって、「教育はどうあるべきか」「教員に必要な資質能力は何であるか」といった問いを追求していく試みがなければ、教育の未来を創る教師を育てることは難しい。教育学部の存在意義は、そういう試みを粘り強く行うところにある。

もう一方の原則、免許状授与の「開放制」は、多量の教員志望者の中から優秀な人材を選抜する日本独特の養成システムをつくり出した。平成二十八年度の場合、小・中・高校の免許状授与件数は約十三万（一種・専修）、採用試験受験者数は約十四万で、採用者はおよそ二万八千人という状況である（文部科学省調べ）。教員資格取得者数を絞り、大学院も含めた長期的な養成を主軸とする先進諸国とはかなり状況が異なる。

「開放制」のもとでは、多様な学生が教員を目指し、教育界の多様性と民主性が保障される反面、免許状が安易に授与され、教員を簡単になれる職業だと誤認させる側面もあった。近年の改革動向では教職課程の設置認定基準が厳格化しており、大学には教員養成にたずさわるための努力が、教職志望者にはそうして高められた養成教育に応えていく努力がいっそう求められる時代が到来している。

二　教員免許制度と教員養成の現在

① 教員免許状の種類と効力

先述したように、教員となるには教員免許状の取得が必要である。免許状に関する基本的な事項を定めているのが、教育職員免許法である。この法律は「教育職員の免許に関する基準を定め、教育職員の資質の保持と向上を図ること」（第一条）を目的としている。そして、「教育職員は、この法律により授与する各相当の免許状を有する者でなければならない」（第三条）と定め、免許状主義の原則を明らかにしている。

教員免許状は普通免許状、特別免許状、臨時免許状に区分される注2。普通免許状は学校の種類ごとの教諭の免許状、養護教諭、栄養教諭の免許状がある。さらに基礎資格が学士である一種、短期大学士の二種、修士の専修に分かれている。高等学校教諭に二種はない。

普通免許状を取得するためには、学位等の基礎資格を得るとともに、文部科学大臣が認定した課程において所定の教科及び教職に関する科目の単位を修得しなければならない。その他に、省令で定める科目「日本国憲法」「体育」「外国語コミュニケーション」「情報機器の操作」の修得が求められる（教育職員免許法施行規則第六十六条の六：各二単位）。小・中学校の免許状取得希望の場合は「介護等体験」が義務化されており、社会福祉施設や特別支援学校などで七日間以上の体験学習を行う。その導入趣旨は、義務教育にたずさわる教員は、個人の尊厳と社会連帯の理念を深く認識することが重要であるというものであった。人間や地域社会・福祉に対する理解が教職志望者にとって不可欠なのである。これらの要件を満たした者に、都道府県教育委員会から普通免許状が授与され、それはすべての都道府県で効力をもつ。

なお、普通免許状と特別免許状は、有効期間の定めがなく、生涯有効である。教員免許に十年の有効期限を設け免許状更新講習を義務づけていた教員免許更新制（二〇〇九年度に導入）は、教員の負担増や教師不足を背景に、二〇二二年七月に廃止された。

教員免許更新制を廃止する代わりに、「令和の日本型学校教育」を担う新たな教師の学びの姿を実現する観点から、任命権者は教員ごとに研修等に関する記録を作成すること（教育公務員特例法第二十二条の五）、その記録を活用して、校長等が個々の教員に対し資質の向上に関する指導及び助言を行うこと（同法第二十二条の六）が義務化された。

❷ 先生になるための学び

⑴ 教職課程の構成と内容

普通免許状取得に必要な科目および単位数を表Ⅱ―1に示した。当然、これは最低修得単位数であるので、教職課程を通して培われるのは、教員としての実践的指導力の基礎[注3]、つまり最低限の知識・技術だと認識しておく必要があろう。

教職課程は「教科及び教職に関する科目」で構成されており、それは次の五つに区分される。1 教科及び教科の指導法に関する科目[注4]、2 教育の基礎的理解に関する科目、3 道徳、総合的な学習の時間等の指導法及び生徒指導、教育相談等に関する科目、4 教育実践に関する科目、5 大学が独自に設定する科目。具体的にどういった科目がいつ課されるのかは、大学・学部によって異なる。多くの場合は次のような履修行程をたどるだろう。

まず、教科に関する専門科目の履修と並行して、教育の理念や歴史、社会、制度、そして教職の意義を内容とする科目を学ぶ。教育への基礎的理解を深めたら、教科をどのように教えるのか、子供の心理や発達に関する知識、生徒指導・教育方法の理論等を身につけていく。これらを修得した後は、いよいよ教育実習に臨む。実習は小・中学校の場合は約四週間、高等学校では二週間、附属学校等において学習指導を中心に教職を体験する機会である。

近年は、段階的に学校環境にふれさせた後に本実習を課す大学がある。例えば広島大学教育学部では、一年

図表Ⅱ—１：教員免許状取得における必要科目の修得方法と単位数

高等学校		中学校			小学校			右項の各科目に含めることが必要な事項	教科及び教職に関する科目	第一欄	
一種	専修	二種	一種	専修	二種	一種	専修				
24	24	12	28	28	16	30	30	教科に関する専門的事項	教科及び教科の指導法に関する科目	第二欄	最低修得単位数
								各教科の指導法（情報機器及び教材の活用を含む。）			
10（4）	10（4）	6（3）	10（6）	10（6）	6	10	10	教育の理念並びに教育に関する歴史及び思想	教育の基礎的理解に関する科目	第三欄	
								教職の意義及び教員役割・職務内容（チーム学校運営への対応を含む。）			
								教育に関する社会的、制度的又は経営的事項（学校と地域との連携及び学校安全への対応を含む。）			
								幼児、児童及び生徒の心身の発達及び学習の過程			
								特別の支援を必要とする幼児、児童及び生徒に対する理解			
								教育課程の意義及び編成の方法（カリキュラム・マネジメントを含む。）			
8（5）	8（5）	6（4）	10（6）	10（6）	6	10	10	道徳の理論及び指導法（小中のみ）	道徳、総合的な学習の時間等の指導法及び生徒指導、教育相談等に関する科目	第四欄	
								総合的な学習の時間の指導法			
								特別活動の指導法			
								教育の方法及び技術（情報機器及び教材の活用を含む。）			
								生徒指導の理論及び方法			
								教育相談（カウンセリングに関する基礎的な知識を含む。）の理論及び方法			
								進路指導及びキャリア教育の理論及び方法			
3（2）	3（2）	5（3）	5（3）	5（3）	5	5	5	教育実習	教育実践に関する科目	第五欄	
2	2	2	2	2	2	2	2	教職実践演習			
12	36	4	4	28	2	2	26		大学が独自に設定する科目	第六欄	

注：中学校音楽と美術、高等学校数学、理科、音楽、美術、工芸、書道、農業、商業、水産及び商船の各教科の普通免許状取得の場合は、当分の間、各教科の指導法に関する科目及び教育の基礎的理解に関する科目等の単位数のうち、その半数までは当該免許状に係る教科に関する専門的事項に関する科目について修得することができるが、少なくとも各教科の指導法に関する科目は一単位以上、その他の科目は括弧内の数字以上の単位を修得するものとする。

（出典：教育職員免許法施行規則第三条、第四条、第五条をもとに作成）

次に「教育実習入門」として附属学校に赴き、二年次には実習中の学生と数日間実習校で行動をともにする「教育実習観察」が行われている。こうした取り組みは、教育実習を一過性のものとせず、責任をもって入念に取り組む姿勢を教職志望者に備えさせることをねらっている。

ところで、大学の判断で含めてよい履修事項として学校体験活動（学校インターンシップ）がある。教育実習が教科指導を中心とするのに対し、学校体験活動はそれ以外の教員業務も包括的に行う機会に恵まれている。

教職課程の最終段階には、「教職実践演習」が課される。教職課程の学びを総括し、必要な資質能力が身についたかを履修カルテで確認する科目である。これは養成教育と入職とをつなぐ意味で重要だ。自身の学んだ内容と照らして、将来どのような教員になろうとしているのか、そのために何ができるのかを検討する。その材料として学習内容（学習指導案やレポート、実習日誌等）を記録・蓄積しておく必要があるため、実際には初年次から履修カルテを意識して教職課程に取り組むことになる。

(2) 養成教育の意味を考える

教職課程でどのような学びが展開するのかはすでに述べた。ここでは少し視野を広げて、そうした学びのもつ意味を整理しておきたい。しばしば教職志望者から教職の科目に対して、「もっと教育現場のことを知りたい」とか「教員になった時に困らないよう技術的なノウハウを教わりたい」という要望が出ることがある。教職課程は決して教育の実践的内容を軽んじているわけではないのだが、理論的内容を学ぶ性格のものが多い。

そうなっているのは、実践のための基盤を培うためである。教育はそれのみで成立しているわけではなく、社会、法令、思想、歴史、心理等と深くかかわっている。関連科学に基づいた教育学の知識は、教育という世界を理解するための手段であり、変動する社会において教職を遂行するうえで必須といえる。また、学校をどのような組織として見るのかを考えたり教育方法を研究したりといったように、科学的に教育を分析・考察する能力の形成も、長い教職生活にとって非常に重大である。

加えて、教師は創造的な仕事であるから、固定化した方法に頼っていては日々の実践をただこなすだけになり、子供たちの人格形成を十分に助けることはできない。現場の変化に伴い、今ある教育技術は通用しなくなるかもしれない。教職課程において大切なのは知識・技術のみでなく、それらを刷新していく態度―新たな教育の課題に対し解決を模索する力―を養うことなのである。

ところで、肝心の実践的内容をもつ科目についても目的や意義があることを意識してもらいたい。ここでは、教育実習について述べよう。教育実習の第一の目的は、学習者である子供と実際に相対して教育の実践を行い、教職についての理解をより深めることにある。「先生を体験する」ことによって、教職の使命感やよい意味での難しさ、自己の適性についての自覚を得ることが可能となる。

そこから生じる教育実習の意義は、理論と実践の統合、教育技術の習得、教育者精神の涵養にあると考えられる。実習は教育の理論を検証する機会であると同時に、実践から新たな理論がつくられる契機を体験させてくれる。答え合わせをするように技術の正確さを確かめるのではなく、経験をもとに理論を再構築する必要性がわかることが重要であろう。また、児童生徒はやり直しのきかない存在であるから、実践者としての責任を意識し、教師としての意識や能力を一定まで高めることにもつながると考えられる。

三　教員採用の仕組み

①選考

公立学校の教員として正式採用されるには、都道府県・政令指定都市教育委員会が実施する教員採用試験に合格する必要がある。正式名称は「公立学校教員採用選考試験」であり、「選考」である点に留意すべきである。一般公務員の採用は、試験成績の上位者から合格者を決定していく「競争試験」によって行われる。これに対し、教員の採用は、教育公務員特例法により、「選考」によって行われる。選考は、特定の者が特定の職につく適格性を有するか否かを学力や経験、人物などから総合的に判断・確認する方法である。ゆえに、必ずしも筆記試験の上位者が合格するとは限らない。これは、児童生徒の人格形成にかかわる教員の職責および受験者が教員免許状を有していることを鑑みて、選考による採用の方がふさわしい人材を確保できるという考えに基づくものである。

なお、欠格条項に該当する者は、教員採用試験を受けることができない注5。

②教員採用試験の内容・方法

教員採用試験はおおよそ筆記、面接、実技、適性検査等で構成される。実施日程は多くの場合六月から九月にかけてだが、かけもち受験を防止するために同一地方の日程は統一されることがある。一次試験から個人・集団面接や模擬授業を課すのかどうか等は教育委員会により異なる。

筆記試験の出題カテゴリには一般教養・教職教養・専門教養があり、教員としての専門知識はもちろん、公務員としての基本的知識も求められている。その都道府県の教育方針が問われることもある。面接試験では公平性や客観性を高めるためとして、民間企業関係者や臨床心理士などが面接官として起用されることがある。これらに加え、近年は実践的指導力への期待の高まりから、模擬授業や場面指導が広く実施される傾向にあることは付記しておかねばならないだろう。

その他、合格者が教職大学院等へ進学する場合に備えて、その者の教員採用候補者名簿登載期間を延長する特例措置を行ったり、大学院在学者が受験する場合に特別の選考を実施したりする自治体も見受けられる。

❸ 条件附採用―そして研修へ

教員の採用は、採用試験で完結するものではない。正式採用となるには、条件附採用期間において職務を良好な成績で遂行しなければならない。一般の公務員の場合、この期間が採用後六か月間であるが、公立学校教員の場合には一年間である。こうした制度からも教員の職責の重さがうかがえよう。

この一年目には、初任者研修が義務づけられている（教育公務員特例法第二十三条）。教諭の業務遂行についての実践的な内容や幅広い知見を得ることが目的である。初任者には指導教員がつけられ、日常業務にあたりながら指導助言を受ける。この校内研修（三百時間以上）に加え、教育センター等での校外研修が二十五日以上設定されている。こうした教員として一人前になるための接続的な学びが用意されている意味は大きい。

【注】

注1　高等師範学校

中等教員養成のための師範学校として設置された高等師範学校は最終的に七校つくられ、東京高等師範学校（一八八六年設立、以下東京高師と略）と広島高等師範学校（一九〇二年設立、以下広島高師と略）は特に長い歴史と伝統をもつ。大学等での開放的な教員養成を経た教員と異なって、高等師範学校卒業者は教授法、学校管理法などを修得しており、校長や教育行政官などの要職に就くことができた。

高等師範学校の存在意義は、基本的に次の三つに求められるだろう。第一は「教育の本山」であったこと、第二は中等教員養成のモデルを開発したこと、第三は現職教員の研修機関であったことだ。

森有礼の文政以降、大学が高等専門教育の系譜に属していたのに対して、高等師範学校は小学校―師範学校につながる普通教育の系譜にあった。普通教育を行う教員を養成するのが師範学校であり、その教官を養成する高等師範学校は普通教育の頂点に位置づけられた。東京高師が「教育の本山」であるのを受けて、広島高師は「西の教育の本山」とされたのである。「教育を第一に考える」ことが教員養成を直接の目的としない大学等との違いとして強調された。

次に、中等教員養成のモデル開発である。広島高師初代校長の北条時敬は中等教員に必要な資質を、①教師たるべき徳性、②学力、③教授能力に求めた。それゆえ、カリキュラムは徳性や教授能力を形成する教育学・倫理学・心理学に重きを置くとともに、担当する主要学科だけでなく、多様な学科の専門的知識も含めて学習する設計となっていた。教師としての常識的学力を高めることもまた良教師の養成につながると考えていたわけである。

この他教員養成の方法を改良していく中で特に重要だったのが教育実習（実地授業）であろう。広島高師においては、実習生指導方法としてルーティンである授業実施、指導教官による批判、模範授業の演示の他に、実習生同士の授業批評会や他の実習校への参観が行われていたという。さらには、実習時間数を有効活用するため、小学校での授業経験が多い者は中学校の担当に回したり、指導教官の講話回数を削減したりするなどの工夫もあった。

最後に、現職教員の研修機関としての意義であるが、これは広島高師独特のものといえる。一九一五年に設置された教育科は、教員経験をもつことが入学資格に明記されており、現職教育コースとしての性格が明瞭であった。教育科には、①高等師範学校卒業者以外の中等教員に対する現職教育と、②初等教育指導者を養成することの二つの目的が立てられた。当時、教授法の理論・技術の必要性は認められつつあったが、その研修が長期的・体系的に行われてはいなかった。広島高師はこの状況を打開するべく、現職教育の実績を積み、自らの存在意義を示そうとしたと考えられる。

このように、高等師範学校は普通教育の源流として、教育界を牽引する存在であった。また、教師教育の開発や実践という要請に応える存在であった。

注2　特別免許状は、学校教育の多様化への対応などを目指して、教職課程を修めていない社会人を教諭として採用する場合に授与される。臨時免許状（有効期限は三年間）は、普通免許状をもつ者を採用できない場合の臨時的措置として授与される。いずれも授与した都道府県においてのみ有効である。

注3　一九八六年の臨時教育審議会において、大学での養成段階は、教員志望者に教師としての「実践的指導力の基礎の習得」をさせることを任務とすることが提案されている。

注4　幼稚園教諭の場合は「領域及び保育内容の指導法に関する科目」、養護教諭は「養護に関する科目」、栄養教諭は「栄養に係る教育に関する科目」となる。

注5　欠格条項とは次の表のとおりである。

地方公務員法第十六条
一　成年被後見人又は被保佐人
二　禁錮以上の刑に処せられ、その執行を終わるまで又はその執行を受けることがなくなるまでの者
三　当該地方公共団体において懲戒免職の処分を受け、当該処分の日から二年を経過しない者
四　人事委員会又は公平委員会の委員の職にあって、第六十条から第六十三条までに規定する罪を犯し刑に処せられた者
五　日本国憲法施行の日以後において、日本国憲法又はその下に成立した政府を暴力で破壊することを主張する政党その他の団体を結成し、又はこれに加入した者

学校教育法第九条
一　成人被後見人又は被保佐人
二　禁錮以上の刑に処せられた者
三　教育職員免許法第十条第一項第二号又は第三号に該当することにより免許状がその効力を失い、当該失効の日から三年を経過しない者
四　教育職員免許法第十一条第一項から第三項までの規定により免許状取上げの処分を受け、三年を経過しない者
五　日本国憲法施行の日以後において、日本国憲法又はその下に成立した政府を暴力で破壊することを主張する政党その他の団体を結成し、又はこれに加入した者

【参考文献】

岩本俊郎・大津悦夫・浪本勝年編著（二〇一七）『新　教育実習を考える（改訂版）』北樹出版
桶谷守他編（二〇一六）『教育実習から教員採用・初任期までに知っておくべきこと「骨太の教員」をめざすために』教育出版
海後宗臣編（一九七一）『教員養成　戦後日本の教育改革8』東京大学出版会
唐沢富太郎著（一九五五）『教師の歴史　教師の生活と倫理』創文社
国立教育研究所編（一九七四）『日本近代教育百年史　第4巻　学校教育(2)』教育研究振興会
佐藤学著（二〇一五）『専門家として教師を育てる　教師教育改革のグランドデザイン』岩波書店
尚志会編著（一九八七）『尚志会創立八十周年記念』尚志会
TEES研究会編（二〇〇一）『「大学における教員養成」の歴史的研究　戦後「教育学部」史研究』学文社
寺﨑昌男・「文検」研究会編（二〇〇三）『「文検」試験問題の研究　戦前中等教員に期待された専門・教職教養と学習』

学文社
日本教師教育学会編（二〇一七）『緊急出版　どうなる日本の教員養成』学文社
浜田博文（一九九一）「日本における師範学校の制度及びカリキュラムの変遷過程—創設期（1872～1880）及び整備・確立期（1881～1911）—」『学校経営研究』16、127—142頁
広島大学教育学部・広島大学附属中学校・高等学校・広島大学附属東雲中学校・広島大学附属三原中学校・広島大学附属福山中・高等学校（二〇一六）『中学校・高等学校教育実習の手引き』
広島大学二十五年史編集委員会編（一九七七）『広島大学二十五年史　包括校史』広島大学
水原克敏著（一九九〇）『近代日本教員養成史研究　教育者精神主義の確立過程』風間書房
山田昇（一九六五）「師範学校制度下の『教育』科に関する考察」『和歌山大学教育学部紀要　教育科学　第15集』39—62頁
大和真希子（二〇一七）「教員免許状更新講習」日本教師教育学会編『教師教育研究ハンドブック』学文社

Ⅲ 学校

一 学校の公共的性格

❶ 公の性質

学校は、教育目的の達成に向けて、教職員（校長・教頭・教諭・養護教諭など）等の人的要素と、校舎・運動場・校具・教材・教具等の物的要素を備え、児童生徒に対し、一定の教育課程によって計画的・組織的・継続的に教育を行う機関である。教師にとって学校は職場である。では、そもそも学校は何のために存在するのであろうか。学校と塾や予備校との違いは何だろうか。教職を目指す人は、職場である学校の使命や特徴を理解しておく必要があるだろう。

塾や予備校は、特定の児童生徒や保護者の私的な利害・関心に応えることを使命とする。これに対し、「法律に定める学校は、公の性質を有する」（教育基本法第六条第一項）と位置づけられている。ここでいう「法律に定める学校」とは、国・公・私立のいかんを問わず、学校教育法第一条に挙げられた幼稚園、小学校、中学校、義務教育学校、高等学校、中等教育学校、特別支援学校、大学及び高等専門学校を指す。

学校が「公の性質」をもつとはどういうことか。それは、学校で行う教育が公共の営みであることに由来する。教育の目的は、教育基本法第一条にも示されているように、「人格の完成」と「平和で民主的な国家及び社会の形成者」の育成である。その教育は、一人ひとりの子供が社会的に自立していくためであると同時に、これからの社会の担い手を育成するという社会の維持・発展のためにも重要な意味をもっている。読み・書き・計算の能力、自社会についての基本的な知識と構え、道徳性・社会性、政治的判断能力など、国民・市民としての基礎的な教養と生活者能力は、すべての子供が共通に習得すべきものである。そのための場として、公教育、とりわけその基礎的部分である義務教育が制度化された（藤田、一九九九、197頁）。この教育の場である学校は、特定の一部の集団や個人の利害に応じたものではなく、すべての国民に開かれた公共的性格をもったものでなければならない。

❷ 公教育制度の誕生

歴史的に振り返ると、すべての子供たちが学校に通うようになったのは、世界的に見てもそれほど古いことではない。すべての子供を対象として学校で教育を行う公教育制度の誕生は、欧米諸国においても十九世紀以降のことである。

スクール（school）の語源である古代ギリシャ語のスコレー（scholē）は「閑暇」を意味するが、近代以前の学校は生産労働から解放されて経済的にも時間的にも余裕のある特定の階層の人々のために設けられたものであった。例えば、古代エジプトの学校は、行政官僚である書記層の子弟が文字の読み書き能力を身につけるための機関であった。また、中世キリスト教の世界では、修道院学校が聖職者養成を目的として読み書き唱歌を教えた。それぞれの階層の必要性に応じて学校は設けられていた。

一方、近代以前の多くの民衆にとっては、文字の読み書き能力やそれを教える学校や教師は、生きるために特別に必要なものではなかった。伝統的社会では、親も子供も同じような職業をもっており、子供たちは小さい頃から家や村落共同体の労働や祭りや儀式に参加して、農民は農民として、職人は職人として一人前になっていった。生きるために必要な仕事の技術や生活の仕方などは、文字を通して教えられるものではなく、経験を通して体得するものであった。

特定の階層の子弟だけでなくすべての子供を対象として学校で教育を行う公教育制度の実現は、近代社会の成立と結びついている。十八世紀フランスの市民革命期を生きた近代公教育思想の代表的な論者であるコンドルセ（M. Condorcet）は、教育は人間的諸権利の平等を現実的なものにするのに不可欠の手段であり、すべての人間に本来固有の自然権であると考えた。そして、その権利を保障することは人民に対する社会の義務であるとして公教育を構想した。

近代公教育制度の実現の主たる契機となったのは、産業革命の進展と国民国家の形成である。十八世紀にイギリスで始まった産業革命は、家や村落共同体の労働や生活の在り方を崩壊・解体し、それまでの大人として一人前になる仕組みも弱体化していった。産業社会で生きるのに必要な知識・技術は、経験を通して体得するものから、文字や記号によって表される科学的な知識・技術へと転換していく。また、工業化の進行と共同体の解体とともに、道徳的退廃や犯罪の増加、児童労働の深刻化などの社会問題が発生した。こうした事態のもと、すべての子供を生活や労働の場から切り離して学校で教育することが必要となっていった。

産業資本主義が帝国主義の段階へと展開すると、近代国家は列強諸国との競争に打ち勝つために、国民の質を高め、国家としての生産力や軍事力を高める必要に迫られる。そのために、階級や身分、民族、宗教、言語、習俗などを異にする多様な人々を一定の共通性を有する「国民」として統合し、労働力として必要な知識・技術と国民意識を形成・強化することが求められた。

こうして十九世紀後半以降、国家の関与のもと、国民すべてに共通の教育を提供するために、中立性・義務性・無償性を原理とする公教育制度が整備されていった。ちなみに、わが国において公教育制度が発足したのは、一八七二（明治五）年の「学制」によってである。

このように、すべての子供を対象とする公教育制度は、それまで個々の身分や階層や家柄ごとに私的に営まれてきた教育に代わるものとして、社会的な必要性から発展してきた。

③ 教育を受ける権利

戦前のわが国では、教育を受けることは納税、兵役と並んで国家（天皇）に対する臣民の義務であった。これに対し、戦後、教育を受けることは国民の権利であると位置づけられた。「教育を受ける権利」に関して、日本国憲法第二十六条は次のように定めている。

第二十六条　すべて国民は、法律の定めるところにより、その能力に応じて、ひとしく教育を受ける権利を有する。

二　すべて国民は、法律の定めるところにより、その保護する子女に普通教育を受けさせる義務を負ふ。義務教育は、これを無償とする。

教育を受けることは国民の権利であり、保護者に対して子供に教育を受けさせる義務を、そして国家・地方公共団体に対して保護者の義務遂行を援助し保障する責務を課している。

「公の性質」をもつ学校は、すべての国民に開かれた公共的性格をもつがゆえに、政治的にも宗教的にも中立的でなければならない（教育基本法第十四条二、第十五条二）。また、その教育の機会均等と一定の教育水準を確保して、国民一人ひとりの「教育を受ける権利」を保障するために、公費によって経費がまかなわれるし、教育課程・教材・人事・施設設備等様々な面で法的な基準や規則によって枠づけられている。

❹ 公立学校の特徴

国・公・私立のいずれの学校も公共的性格を有しているが、とりわけ公立学校にとっては重要である。公共的性格を重視することから生まれる公立学校の特徴であり、生かすべき長所として、次の三つに注目すべきである（志水、二〇〇八、24―27頁）。

①地域性：私立学校は、その生徒や保護者による「ある教育理念・方針への賛同に基づく選択」が特徴である。これに対し、公立学校は「校区」と称される通学区域をもつことを前提に、「おらが町の学校」「地元の学校」として発展してきており、「地域に根ざした」ということが特徴である。教師は「風の人」として数年経てば他校に異動するが、地域住民の中には、「親もこの学校を出た、お世話になった」というふうに「土の人」として何世代にもわたってその地域で生活を営む家族が存在する。その意味で、その地域に住む人々が公立学校の主役である。

②平等性：その地域に住むすべての人々に対して門戸が開かれているという平等性の原則が、公立学校の特徴である。私立学校とは異なり、公立学校は、無償あるいはきわめて安価で経済的な障壁がなく、外国人の子供の受け入れなども含めて、望みさえすればその学校に入ることができる。

③多様性：地域には、いろいろなライフスタイルや経歴や背景をもつ人たちが住んでおり、その人たちの子供が地元の公立学校に入学する。そして、子供たちは学校や教室の中で、仲間たちとぶつかり合った

り助け合ったり、様々な教師や大人たちともかかわったりしながら、学校生活を送る。異なる考えをもつ他の人と交流し影響を与え合うことで、他の人から学び、自らと他がともに育っていく。「そこにいろいろな人がいること」と「異質なもの同士の相互作用」は、公立学校の生かすべき特徴である。

二　学校像の変容

❶ 学校への信頼の揺らぎ

前述したように、学校は公共的な性格や使命を有するが、学校像は社会の変化とともに変わってきている。第二次世界大戦後のわが国の社会と人々にとって、学校は、民主主義社会の担い手を育て、社会を復興し発展させるための希望に満ちた場所であった。例えば、公立中学校の国語の教師であった大村はま（一九〇六〜二〇〇五）は、敗戦から民主国家の建設によって日本を再生するためには、話す力、書く力、話し合う力、つまり「ことばの力」を子供たちにつけることが学校の教師の使命だと考えていた（大村・苅谷、二〇〇三、215頁）。また、人々は学校で知識を得て、高い学歴を得ることによって社会的地位を獲得し、豊かな生活を手に入れようとした。貧しく打ちひしがれた生活を向上させるには、学校がほとんど唯一にして最善の機関であった。地域社会にとっても、学校は人々の日常生活を文化的に向上させ、地域社会を豊かにしてくれる存在であった。

高度経済成長期には、学校は産業社会に対応した人材を育成する役割を求められた。高校に進学することが一般的になり、進学する学校が就職に大きく影響するようになった。その結果、学校は受験競争に象徴される選別的な機能を強くもつようになる。子供が社会に出るためには学校の存在が不可欠となる学校化社会が成立していった（木村、二〇一五、91―130頁）。

しかし、高度経済成長期が終わった一九八〇年代以降、学校では校内暴力、いじめ、自殺、不登校、学級崩壊などが大きな社会問題となる。コンビニエンスストアやインターネットの普及など、消費社会化や情報社会化ともあいまって、生徒たちの居場所や意味空間が学校の独占からときはなたれて、不登校が社会的に容認される度合いも進んだ。「なぜ学校へ行かなければならないのか」「個人にとって、社会にとって学校の存在意義はあるのか」と、学校の存在自体に批判のまなざしが向けられた。とりわけ公立学校への信頼が大きく揺らいでいった。

こうした状況の背景には、モノの生産によって成長と繁栄を生み出す産業社会から、情報や知識の創造によって成長と繁栄を生み出す「知識基盤社会」への移行やグローバル社会の到来がある。

❷ 学校の自主性・自律性の確立と新自由主義的な教育改革

一九九〇年代後半以降、信頼が揺らぐ公立学校の状況に対して、地方分権化・規制緩和という社会の大きな構造改革の流れを受けて、教育システムの「画一性、硬直性、閉鎖性」を批判し、学校の自主性・自律性の確立に向けた改革が進められた（中央教育審議会答申「今後の地方教育行政の在り方について」一九九八）。具体的には、学校の裁量権限の拡大、学校のアカウンタビリティ（説明責任）の徹底、保護者・地域住民の学校参加の推進である。各学校は、教育行政が指示する内容をそのまま受け入れ教育活動を展開していく「学校運営」から、その学校独自の教育課程を編成、実施し、評価することを通して特色ある学校づくりを行う「学校経営」への転換が求められた。そして、各学校独自の学校経営にゆだねつつ、その成果を問うアカウンタビリティ（説明責任）を保護者や地域に果たしていくことが不可欠となった。

また、その流れとあいまって、教育を受ける側（保護者や生徒）の「教育の選択の自由」を重視し、市場原理や競争原理を導入することによって学校を活性化しようという新自由主義的な教育改革が進められた。その代表的なものが学校選択制の導入や中高一貫教育の推進などである。わが国において学校選択制が注目されたのは、一九八四年に発足した臨時教育審議会における「教育の自由化」の議論が契機である。

「教育の選択の自由」をめぐっては賛否両論がある。賛成派の主要な主張は次のものである。

・生徒獲得のために学校間に競争原理が働くようになり、学校も教師も本気で学校改革に取り組まざるを得なくなり、特色ある学校づくりが促進される。

・保護者の学校に対する関心を高め、学校への積極的な協力や参画が促進される。

これに対し、反対派の主張は次のものである。（藤田、二〇〇一、41―47頁）（藤田、一九九九、240頁）

・小・中学校の序列化・格差化を招き、進学競争の低年齢化を促進し、教育システムを階層的・差別的なものに再編していく危険性がある。

・地元の学校に通う子供・保護者とそうでない子供・保護者との関係が疎遠になり、地域の子供会やその他の活動もこれまで以上に活力を維持するのが難しくなるなど、地域社会を基盤にした豊かな学校づくりを妨げ、子供の生活圏を分断・解体していく危険性がある。

・保護者の経済力・文化的嗜好や子供の生活態度・学業態度などの点で比較的似通った特徴をもつ子供が特定の学校に集中するようになり、学校ごとの同質化と学校間の異質化が進むことになる。

・選ばれた特定の学校だけでなく、すべての学校において、教師と生徒はもちろん、親や地域の人々を含めて、その学校の構成員が自分たちの学校を「よい学校」として〈つくっていく〉ということが重要である。

以上のような「教育の選択の自由」をめぐる議論は、そもそも教育や学校を、商品のように「買う」「消費する」「選択する」ものとみなすのか、それとも、たまたま出会った人々が汗を流しながら「一緒につくっていく」ものとみなすのかを私たちに問うている。（志水、二〇〇八、19頁）

③ 知識基盤社会の中の学校

知識基盤社会は、新たな知識・情報・技術が経済・政治・文化のあらゆる領域で重要性を増す社会である。インターネットや人工知能（ＡＩ）など、知識・情報・技術をめぐる速さが加速度的になり、グローバル化が急速に進んでいる。この知識基盤社会は、人々の創造性や独創性によって活性化される社会である。それゆえ、問題発見・解決していく力、創造性の力、異質な他者とコミュニケーションをとる力を子供たちに育成することが学校に求められる。

その一方で、知識基盤社会は、社会の新たな可能性を開くだけではなく、社会に不安定さをもたらす。地域コミュニティの希薄化、貧富の差の拡大、子供の貧困などである。これらの問題を乗り越えるために、異質な他者への配慮や思いやり、シティズンシップ、多様性の尊重を子供たちに育てたり、地域コミュニティにおける人々のつながりや結びつきを培ったりすることが学校に求められる。（ハーグリーブス、二〇一五、62―109頁）

さらに、知識基盤社会は「学ぶ社会」でもある（同上、5頁）。それゆえ、知識基盤社会における学校の役割を考えるうえで、生涯学習の視点は不可欠である（図Ⅲ―1）。

変化の激しい社会では、学校時代に獲得した知識・技術を生涯にわたって大事に保持していればすむという自己完結的な考え方はもはや通用しない。生涯学習は、時間軸（乳児〜高齢期の生涯にわたって、いつでも）と空間軸（どこでも、あらゆる場や機会で）という二つの軸から成り立つ。時間軸で見ると、学校（小学校・中学校・高校）は人生の初期の一時期の教育機関である。子供たちのこれからの人生にとってこの学校の六年間や三年間での学びはどのような意味をもつのか、また、生涯にわたる学びをどのように保障するのかを考える必要がある。また、空間軸で見ると、学校は社会の様々な学習システムの一つである。学校と家庭や地域や企業などの様々な学びの機会や場をどのように関係づけるのかを考える必要がある。生涯学習の視点からすると、学校の役割は生涯学習の基礎（自ら学び自ら考える力、学び方を学ぶ）を形成するところである。

なお、教育基本法では、生涯学習の理念について「第三条　国民一人一人が、自己の人格を磨き、豊かな人生を送ることができるよう、その生涯にわたって、あらゆる機会に、あらゆる場所において学習することができ、その成果を適切に生かすことのできる社会の実現が図られなければならない」と定めている。また、学校、家庭及び地域住民等の相互の連携協力について、「第十三条　学校、家庭及び地域住民その他の関係者は、教育におけるそれぞれの役割と責任を自覚するとともに、相互の連携及び協力に努めるものとする」と定めている。

図表Ⅲ—1：生涯学習（藤村（2009）をもとに久井作成（2015））

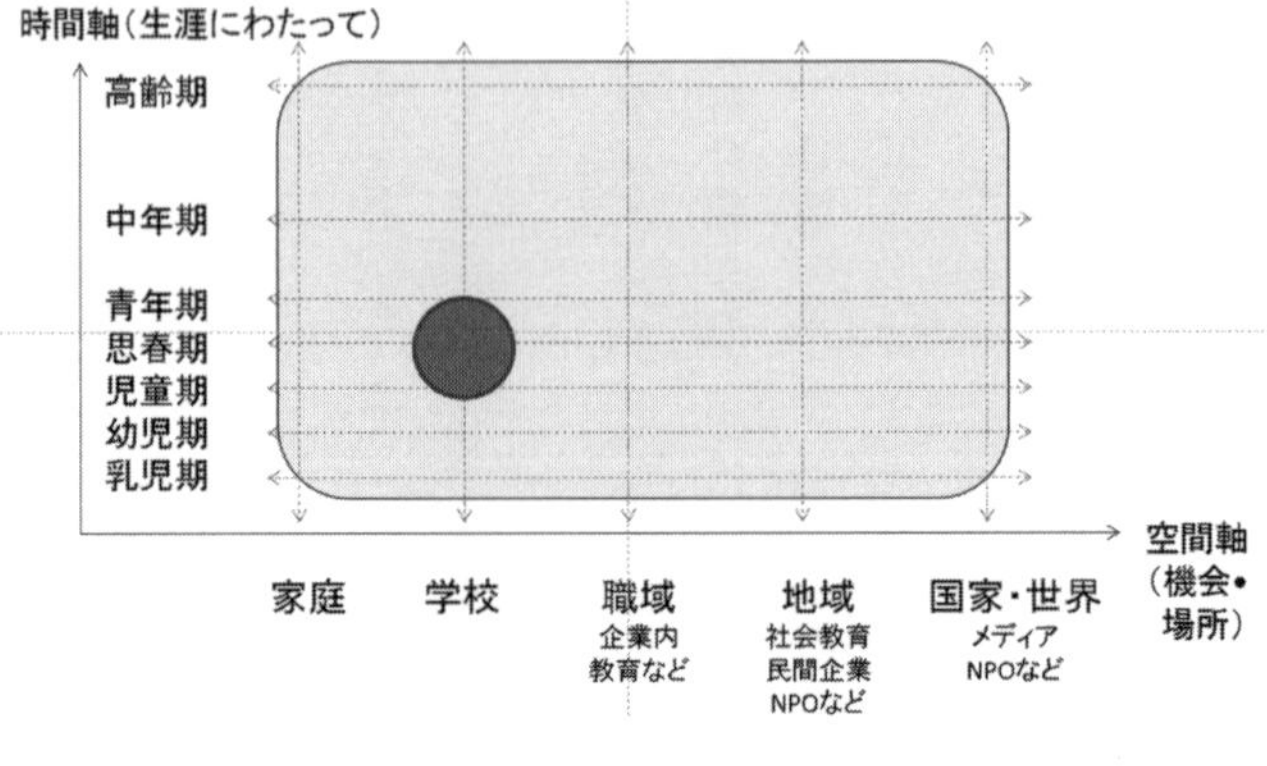

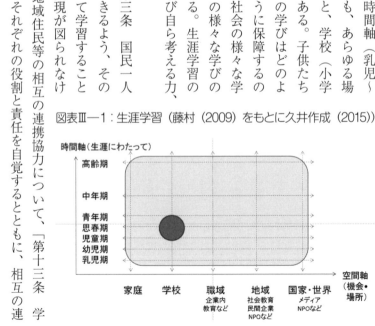

三　チームとしての学校、地域とともにある学校

以上のような知識基盤社会やグローバル社会への移行を背景として、わが国では現在、「次世代の学校・地域」を創生する施策が進められている。（章末・図表Ⅲ―2を参照）

❶ 新しい時代に求められる資質・能力の育成を目指す「社会に開かれた教育課程」

将来の変化を予測することが困難な複雑で変化のはげしい社会の中で、どのような資質・能力を子供たちに育成すべきか。「解き方があらかじめ定まった問題を効率的に解ける力を育むだけでは不十分」である。現実の社会とのかかわりの中で「蓄積された知識を礎としながら、膨大な情報から何が重要かを主体的に判断し、自ら問いを立ててその解決を目指し、他者と協働しながら新たな価値を生み出していく」力が求められる（教育課程企画特別部会、二〇一五）。そのためには、学校教育を学校内で閉じず、社会や世界とのつながりを保ちながら学ぶことのできる開かれた教育課程が不可欠である。そうした考えのもと、二〇一七年度告示の新学習指導要領は、「社会に開かれた教育課程」を理念とし、育成すべき資質・能力を、①何を理解しているか、何ができるか（知識・技能）、②理解していること・できることをどう使うか（思考力・判断力・表現力等）、③どのように社会・世界と関わり、よりよい人生を送るか（学びに向かう力・人間性等）という三つの柱で捉えている。

その資質・能力を育成するためには、知識の伝達・注入を中心とした受動的な学びではなく、課題の発見・解決に向けた主体的・協働的な学び、すなわち「アクティブ・ラーニング」が重要となる。新学習指導要領で

は「主体的・対話的で深い学び」という言葉で表現されている注1。

また、その資質・能力を着実に育成するためには、各学校は「カリキュラム・マネジメント」を行う必要がある。すなわち、子供たちの姿や地域の情況を踏まえ、教育目的や目標の実現に向けて教育課程を編成し、学校全体としての取り組みを通してそれを実施・評価・改善する営みである。その際、教科横断的な視点をもつこと、地域の人的・物的資源を生かすこと、地域・保護者と教育目的を共有しその実現に向けて連携・協働することが重要である。

❷ チームとしての学校

「チームとしての学校」は、新しい時代に求められる資質・能力の育成を目指す教育課程の実現、子供や学校をめぐる複雑化・多様化した課題の解決、教員の業務実態等に鑑み提唱されたものである。「チームとしての学校」像は、「校長のリーダーシップの下、カリキュラム、日々の教育活動、学校の資源が一体的にマネジメントされ、教職員や学校内の多様な人材が、それぞれの専門性を生かして能力を発揮し、子供たちに必要な資質・能力を確実に身に付けさせることができる学校」（中央教育審議会答申「チームとしての学校の在り方と今後の改善方策について」）である。

子供たちの資質・能力の育成に向けて、学校は「主体的・対話的で深い学び」の視点からの授業改善やカリキュラム・マネジメントに取り組む必要がある。その一方で、生徒指導や特別支援教育など、子供たちをめぐる課題が複雑化・多様化し、学校や教師だけでは十分に解決できない問題が増えており、心理や福祉の専門性が求められている。

諸外国では、学校の教師の仕事は授業を行うことに特化されており、生徒の相談にのるのはスクールカウンセラーやメンターなどである。またクラブ活動の指導は、専門のコーチがついていたり、学校よりも地域のクラブチームが中心であったりする。これに対し、わが国の教師は、教科指導、生徒指導、部活動指導などを一体的に行うことが特徴であり、一人ひとりの子供の状況を、学習面だけでなく生活面も含めて、総合的に把握して指導することを大切にしてきた。だが、このままでは教師の役割や業務が際限なく増大することにもつながりかねない。このような状況に対応するために、教職員だけでなく、スクールカウンセラーやスクールソーシャルワーカー等の多様な専門スタッフがチームの一員として、さらに地域ボランティアや保護者も参画する体制が「チームとしての学校」である。

③「開かれた学校」から「地域とともにある学校」へ

「地域とともにある学校」は、「社会に開かれた教育課程」の実現、地域創生を鑑み提唱されたものである。かつて多くの学校が、校内の人的・物的資源だけを拠りどころに教育活動を行う「自己完結型」の学校であった。家庭、地域社会との連携・協力は希薄で、各学校が教育活動を通してどのような成果をあげ、また、どのような問題を抱えているのか、公教育を支える納税者として知る権利をもつ地域の人々は知る由もなかった。

こうした「陸の孤島」とも揶揄された学校に対し、臨時教育審議会第三次答申（一九八七）において、「学校施設を社会教育に開放する」「学校運営に地域住民の意見を生かす」（以下略）などを柱とする「開かれた学校」が提言された。しかし、この趣旨を踏まえた様々な施策が打ち出されたが、「自己完結型」からの脱却は遅々として進まなかった。

その後、学校の自主性・自律性の確立を謳った中央教育審議会答申「今後の地方教育行政の在り方について」（一九九八）において、「地域住民の学校運営への参画」などを柱とし、「自己完結型」から地域の人的・

物的資源を活用する「支援型（活用型）」の学校づくりへの転換が示された。学校評議員制度、学校評価、学校支援地域本部、放課後子供教室、学校運営協議会（コミュニティ・スクール）制度等が導入され、ゲストティーチャーや学校支援ボランティア、学校からの情報発信・公開などが盛んになった。ただし、こうした「支援型（活用型）」の開かれた学校づくりは、地域が学校に対して一方向的に「支援・協力」するという関係であり、学校にとって都合のよい特定の一部の人たち（資源）を活用するものである。

しかしながら、現代社会は、知識基盤社会の到来と高度情報化の急速な発展、社会・経済のグローバル化が進展する一方で、少子高齢化、人口減少が進行し、多くの自治体が消滅するかもしれないという危機が迫っており、「地域創生」が緊要な課題となっている。国においては「まち・ひと・しごと創生法」（二〇一四）が公布・施行され、様々な施策が展開されている。こうした中、地域創生にかかわる学校に対する期待は大きく、地域づくりの一つのかたちとして、「地域とともにある学校」づくりが重要である。

「地域とともにある学校」は、「地域でどのような子供たちを育てるのか」「何を実現していくのか」という目標やビジョンを学校と保護者・地域が共有し、その実現に向けてともに協働する。そして、地域に誇りをもち、将来の地域の担い手となる子供たちを育むとともに、学校を核とした地域活性化を視野に入れた「協働型」の学校づくりである。これは、学校と地域社会がもちつもたれつ（相互便益）の関係を構築し、パートナーとして「対等」を基本とする「協働」を前提とする。

「地域とともにある学校」づくりを進めていく仕組みとして、コミュニティ・スクールの重要性が高まっている。コミュニティ・スクールは、合議制の機関である学校運営協議会を設置している学校であり、保護者や地域住民の代表などが一定の権限と責任をもって学校運営に参画するタイプの学校である[注2]。

将来の変化を予測することが困難な変化のはげしい社会をたくましく切り拓く子供たちの資質・能力は、決して限られた空間（学校）、限られた人材（教職員）で育まれるものではない。まさにそこで暮らすすべての人たちによる「ともに学び　ともに育つ」環境が不可欠である。

図表Ⅲ―２：「次世代の学校・地域」創生プラン
（平成28年１月　文部科学大臣決定）の実現に向けて
（出典：文部科学省『文部科学広報』2017年５月号）

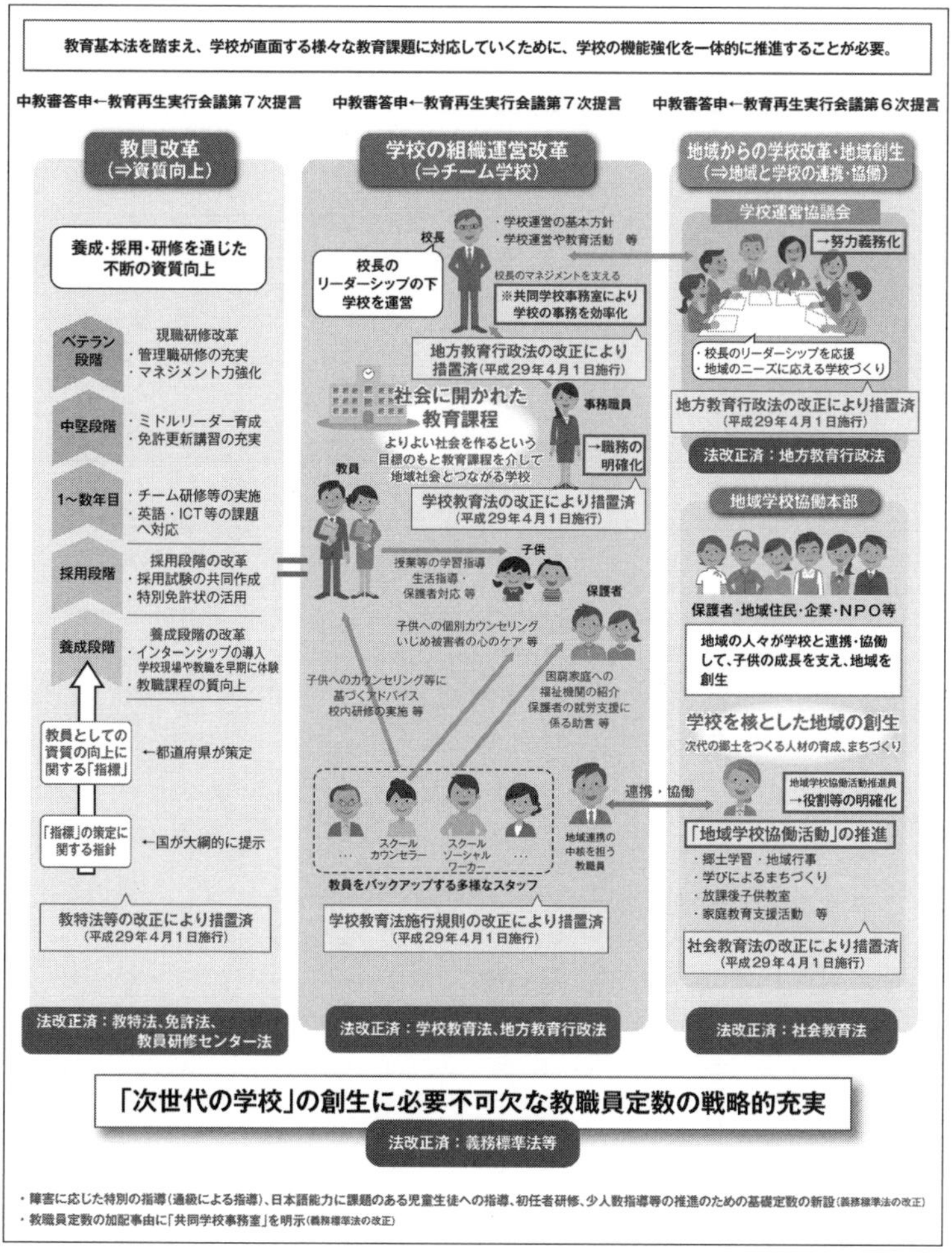

【注】

注1　「主体的・対話的で深い学び」（アクティブ・ラーニング）については、古くはデューイの経験学習等に源流を見出すことができるともいわれている。こうした中、都道府県教育委員会・政令指定都市等が主催する各種教員研修会において、アクティブ・ラーニングは新出した文言でこそあるが、戦後、授業研究に情熱を燃やし手堅い実践を積み重ね今日の教育界を先導してきた斎藤喜博、東井義雄、大村はま、林竹二、上田薫、青木幹勇らの授業観そのものではないかとしてしばしば取り上げられている。斎藤喜博は『授業』（斎藤、二〇〇六、国土社）の中で「大切なことは、教材のもっている本質的なものと、教師や子供が、その教材に対して最初にもっている、イメージや解釈や疑問、また、学習の展開の過程のなかで、それぞれの心の中につくり出されていく、疑問や解釈や興味を、互いに結び合わせ、激突させ、追求していくことである。そういうなかで、それぞれの人間の、考えや解釈や疑問を、変化させたり、拡大させたり、進化させたりして、新しいイメージや解釈や疑問を、それぞれの人間に、また、学級全体のなかに、高い調子をもってつくり出させていくことである」と彼なりの「主体的・対話的で深い学び」の授業づくりの本質をついている。

注2　学校運営協議会の目的は、「1　校長が作成する学校運営の基本方針を承認する、2　学校運営について、教育委員会又は校長に意見を述べることができる、3　教職員の任用に関して、教育委員会規則で定める事項について、教育委員会に意見を述べることができる」（地方教育行政の組織及び運営に関する法律第四十七条の六）である。

【参考文献】

大村はま・苅谷剛彦・夏子著（二〇〇三）『教えることの復権』筑摩書房
岡東壽隆・林孝・曽余田浩史編（二〇〇〇）『学校経営重要用語３００の基礎知識』明治図書
木村元著（二〇一五）『学校の戦後史』岩波書店
志水宏吉著（二〇〇八）『公立学校の底力』筑摩書房
中央教育審議会（二〇一五）「教育課程企画特別部会　論点整理」
中央教育審議会（二〇一五）「チームとしての学校の在り方と今後の改善方策について（答申）」
中央教育審議会（二〇一五）「新しい時代の教育や地方創生の実現に向けた学校と地域の連携・協働の在り方と今後の推進方策について（答申）」
アンディ・ハーグリーブス著、木村優他監訳（二〇一五）『知識社会の学校と教師　不安定な時代における教育』金子書房
久井英輔（二〇一五）「生涯学習の基本原理」（平成二十七年度東広島市教職員キャリアアップ研修配布資料）
藤田英典（一九九九）「問われる教育の公共性と教師の役割」油布佐和子編『教師の現在・教職の未来』教育出版
藤田英典著（二〇〇一）『新時代の教育をどう構想するか　教育改革国民会議の残した課題』岩波書店
藤田英典著（二〇〇五）『義務教育を問いなおす』筑摩書房
藤村好美（二〇〇九）「生涯学習の思想」小池源吾・手打明敏編著『生涯学習社会の構図』福村出版
松島鈞（一九九〇）「コンドルセ」細谷俊夫他編『新教育学大事典３』第一法規
文部科学省（二〇一七）「小学校学習指導要領」
文部科学省編集（二〇一七）『文部科学広報』二〇一七年五月号　№２１０

Ⅳ 教師に必要な資質能力

一 わが国における教師論の歴史的展開

教師に必要な資質能力とは何だろうか。この問いに対してどう答えるかは、どのような教師論を前提とするかによって異なってくる。また、「いつの時代にも求められる資質能力」と「これからの時代に求められる資質能力」がある。そこで本章では、教師論がどのように歴史的・時代的に展開してきたかについて社会的背景を踏まえて確認しながら、これからの教師に必要な資質能力を考えてみよう。

① 教師聖職者論（戦前・戦中の教師論）

わが国において、教師という職業が誕生し、教員養成機関である師範学校が創設されたのは、一八七二年の「学制」の公布により、学校教育が整備されてからである。戦前から戦中にかけて支配的であったのは、教師の仕事は「単純な機械的・技術的なものではなく、人格的なもの」であり、「人間の精神の成長・発達をはかる仕事」であると捉える教師聖職者論[注1]である（横須賀、一九七六、476頁）。例えば、初代文部大臣となった森有礼（一八四七〜一八八九）は、教師を「己の言行を以て生徒の儀範となる」ような「教育の僧侶」と捉えていた（森、一九七二、608頁）。そのため、「順良（目上には恭しく素直にしたがうこと）」「信愛（教師同士が仲良く信頼し合うこと）」「威重（威厳をもって生徒に接すること）」[注2]を師範学校において備えるべき気質とするなど、知識学科よりも人物養成に力を入れた。

❷ 教師労働者論（戦後の教師論）

教師聖職者論では、教師の仕事は神聖な仕事であるため、「教育活動の代償としての給与、あるいは報酬等について、積極的な関心を寄せることは慎むべきである」（中島、一九五六、7頁）と考えられていた。そのため、戦前・戦中の教師は、厳しい経済的状況に置かれていた。

こうした状況を克服するため、戦後、教師は団結し、自分たちが「教育という仕事にたずさわる賃金労働者である」とする教師労働者論を展開した（横須賀、一九七六、476頁）。一九四七年六月に結成された日本教職員組合（日教組）は、「教師の倫理綱領」（一九五二年六月）の中で、教師が聖職者ではなく、「学校で働く労働者である」と主張した。そしてこの立場から、「私たちはこれまで、清貧にあまんずる教育者の名のもとに、最低限の生活を守ることすら口にすることをはばかってきましたが、正しい教育を行なうためには、生活が保証されていなくてはなりません」と述べ、「教師は生活権を守る」と宣言した。

❸ 教師専門職論（現代の教師論）

(1) 教師専門職論が注目された社会的背景

戦後、教師労働者論によって教師は労働者であると強調されたが、その一方で、教員養成に関係する大学において、教師の質が問題とされるようになった。例えば、文部大臣を務めた教育社会学者の永井道雄（一九一三〜二〇〇〇）は「教師にでもなろうか」「教師にしかなれない」という「デモ・シカ教師」の存在を指摘し、

教員養成において「よい教師を育てるにはどうすればよいか」という課題を投げかけた。（永井、一九五七）

こうした社会的背景の中、「教師の仕事は他と区別される一定の知識・技術を前提にして成立する」と捉える教師専門職論が注目されるようになった（横須賀、一九七六、476頁）。この論は、ＩＬＯ・ユネスコの「教員の地位に関する勧告」（一九六六）を契機として、活発に議論されるようになる。この勧告は、教師専門職論の立場から、教師の処遇改善と社会的地位の向上を求めるものであった（佐藤、二〇一八、39頁）。この勧告以降、教育政策において、専門職としての教師の資質能力の向上が目指されるようになった。

(2)専門職であることにこだわった教育実践家

教師自身もまた、専門職であることにこだわり、専門職としての教師の資質能力を追求するようになった。そのような教育実践家として、大村はまと斎藤喜博を取り上げたい。

大村はま（一九〇六～二〇〇五）は、専門職としての教師の仕事を「子供をかわいがること」「子供と幸せに暮らすこと」ではなく、「子供を一人で生き抜く人間に鍛え上げること」と捉えた（大村、一九九六、111頁）。彼女によれば、教師がそうした仕事を行うためには、「熱心さ」や「人間の力、人のよさ、子供への愛情」だけでは不十分である。専門職として、子供の力を鍛えぬく技術、すなわち、「教える」技術を身につける必要がある（大村、一九九六、107頁）。公立中学校の国語教師であった大村は、子供の文章を読む力を鍛える時、読みを深めるきっかけとなる視点を提供できること、文章を書く力を鍛える時、子供を書きたい気持ちにさせる題材を提示できること、などを「教える」技術と捉えていた。

斎藤喜博（一九一一～一九八一）は、専門職としての教師の仕事を、「それぞれの子供のもっている無限の可能性を引き出し、かたちにして、そのことによって、子供の成長を助けていく」ことと捉えた（斎藤、一九

七九、11頁）。子供は、どんな子供も、無限の可能性を有している。その無限の可能性を引き出すことが、専門職である教師の責任である。斎藤によれば、教師は子供の無限の可能性を引き出すために、子供の事実を動かす技術を身につける必要がある（斎藤、一九七〇、31―32頁）。具体的には、跳び箱を跳べない子供を跳べるようにする、合唱のできない子供を歌えるようにする、数学のできない子供をできるようにする、といった技術である。子供たちは、跳べないと思った跳び箱が跳べた時、歌えないと思った歌が歌えるようになった時、だめだと思っていた数学ができるようになった時、可能性を引き出され能力がつくり出される。また、こうした教師の技術を支えるものが、子供が「見える目」である（斎藤、一九七九、94―98頁）。子供の事実が見えて、その事実にしたがって考えれば、事実を動かす技術が生まれてくる。逆に、事実が見えなければ、どうにもならない。

以上、二名の教育実践家が述べた「教える」技術、子供の事実を動かす技術、子供が「見える目」は、専門職としての教師にとっていつの時代においても必要な資質能力である。

二　「自律した専門職」から「学び合う専門職」へ
―知識社会における教師専門職論―

ここまで見てきたように、わが国では一九六〇年代以降、政策的にも実践的にも、専門職としての教師の資質能力の向上が目指されてきた。ここで押さえておきたいことは、二十一世紀となり、モノの生産によって成長と繁栄を生み出す産業社会から、情報や知識の創造によって成長と繁栄を生み出す知識社会（知識基盤社会）へと社会が転換しているということ、それに伴い、教師の置かれた状況や専門職としての教師像が変化しているということである。この点について、イギリスの教育社会学者ハーグリーブス（Andy Hargreaves）にしたがって見ていきたい。

①「自律した専門職」モデル

戦後の社会は、モノの生産によって成長と繁栄を生み出す産業社会であった。日本を含む世界の経済先進国では、教育を人的資源、科学技術の発展、成長への責務に対する投資と考えていた。この社会において前提とされた教師像が、「仕事の柔軟性と自由裁量」を尊重された「自律した専門職」モデルである。

この「自律した専門職」モデルは、教えるということを、「教室の前方から講義をし、子どもたちに座学をさせ、一問一答による授業を行うこと」「標準的な紙と鉛筆による方法で他の教室の同年齢の子どもたちも含めて一斉に評価すること」だと捉えていた（ハーグリーブス、二〇一五、32頁）。また、専門職としての教師の学びについては、学校現場を離れて個人的に追求するものと捉えており、「勤務校の同僚に対して影響を与える」ことや「同僚から学ぶ」ことは考慮していなかった（同上、242頁）。

②知識社会における教師の状況

しかしながら、二十一世紀となり、産業社会から知識社会（知識基盤社会）への転換に伴い、教師の置かれた状況は変化している。教師の置かれた状況は、図表Ⅳ―1のように、知識社会に備える「触媒者」、それを乗り越える「対抗者」、それに脅かされる「犠牲者」というトライアングルによって形づくられている（同上、30頁）。

(1)知識社会に備える「触媒者」

知識社会とは、「学びの社会」であり、「学びを最大化し、独創性や発明の才を刺激し、変化をもたらしながら、変化に対応することで情報や知識を前進」させ、成長と繁栄を促進する社会である（同上、5頁）。専門職としての教師には、このような知識社会における成長と繁栄に備える「触媒者」としての役割が求められる。「触媒者」として教師は、子供たちに、創造性と独創性を育てる。そのために、例えば、「学びと理解に関する構成主義的アプローチ」や「協働学習による教授方略」「様々な評価手法の活用」「子供たちが自由に情報へアクセスすることを可能にするコンピュータやその他の情報テクノロジーの利用」を重視するなど、「自律した専門職」モデルとは異なるアプローチで、教えるということを行う（同上、51頁：一部改訳）。

図表Ⅳ―1：知識社会のトライアングル
（出典：ハーグリーブス、2015、30頁）

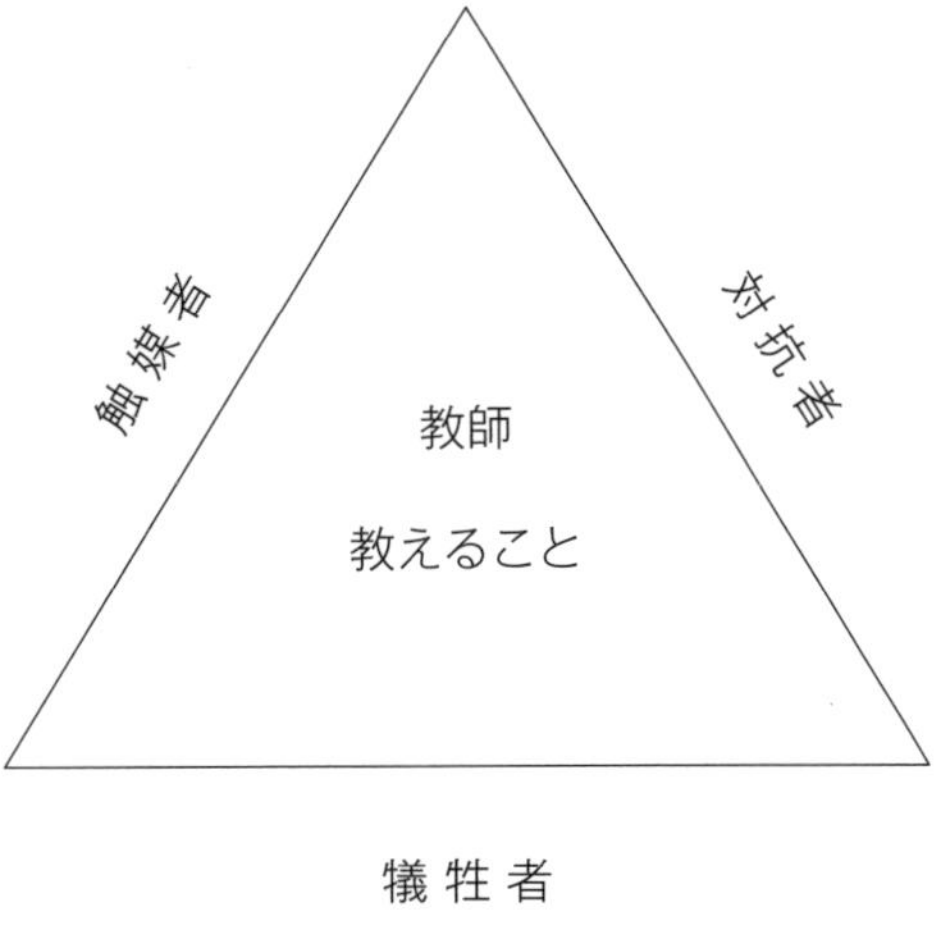

(2)知識社会を乗り越える「対抗者」

知識社会は、成長と繁栄を促進する一方で、人々に利潤や私欲を無慈悲なまでに追求させる。そのため、過熱する消費主義、地域コミュニティの消滅、貧富の差の拡大といった脅威をもたらす。専門職としての教師には、このような知識社会における脅威を乗り越える「対抗者」としての役割が求められる。「対抗者」として教師は、子供たちに、他者への思いやり、地球市民としての自覚（＝民族やジェンダーの相違に寛容であること、多文化から学ぼうとする意志や本物の好奇心にあふれていること、社会的に排除された集団に対して責任を負うこと）などを育てる。そのために、「集団内での関係づくり」を子どもたちに促し、「ケアリングを基調とした思いやりのある関係」を子供たち、保護者、地域住民と結ぶ（同上、8頁、100―104頁）。

(3) 知識社会に脅かされる「犠牲者」

知識社会における多くの国々の教育政策は、市場原理主義の考え方に基づき、公教育のコスト削減やダウンサイジングを行う。具体的には、教育実践、カリキュラム、学習内容、試験などを標準化し、低コストで提供しようとする。そうした中で、教師は「触媒者」と「対抗者」としての役割を果たすことができず、標準化された解決策にしたがうだけの知識社会の「犠牲者」に陥りがちである。

③「学び合う専門職」モデル

ハーグリーブスによれば、知識社会における教師が、「犠牲者」に陥ることなく、「触媒者」と「対抗者」としての役割を果たすためには、単独の教師を想定していた「自律した専門職」モデルに代わって、同僚や保護者・地域住民等との学び合いを重視する「学び合う専門職」モデルを目指す必要がある。

「学び合う専門職」モデルでは、教えるということを、これまでよりも技術的に複雑で多様なものであり、専門職としてのより優れた誠実さと人間的な成長を必要とするものだと捉える。そのため、「自らの専門職としての学びについて、長期にわたり追求し、更新し続け、自己モニタリングし、そして慎重な吟味を行う」必要があると考える（同上、52頁）。そうした専門職としての学びは、教師一人ひとりが個別に追求するものではなく、「専門職の学び合うコミュニティ（Professional Learning Community）」としての学校において追求するものと捉える。「専門職の学び合うコミュニティ」としての学校は、教師が協働的に活動することを重視する。さらに、その協働的な活動が教えと学びを改善することに一貫して焦点化されていること、授業改善や学校全体の問題解決を促進するために、経験や直感のみに頼るのではなく、データやエビデンスを活用することも重視する（同上、249頁）。そうした学校には、教えと学びの改善に向けて、互いに敬意をはらいながらも、時に活発な反対意見を交わすことを可能にする「成熟した規範」が培われている。

三　これからの教師に求められる資質能力

以上のような、産業社会から知識社会への転換と、それに伴う「自律した専門職」モデルから「学び合う専門職」モデルへの変化を念頭に置いて、これからの教師に求められる資質能力を見てみよう。以下では、「いつの時代にも求められる資質能力」と「これからの時代に求められる資質能力」を確認する。

❶ いつの時代にも求められる資質能力

かつて教育職員養成審議会答申「教員の資質能力の向上方策等について」（一九八七年十二月）では、教師の資質能力について、次の六つを挙げた。

①教育者としての使命感
②人間の成長・発達についての深い理解
③幼児・児童・生徒に対する教育的愛情
④教科等に関する専門的知識

⑤広く豊かな教養
⑥これらを基盤とした実践的指導力

これらの資質能力は、「教育の専門家」「教えの専門家」としての資質能力である。そして、これらの資質能力は今日でも、「いつの時代にも求められる資質能力（＝不易の資質能力）」として引き継がれている。

❷これからの時代に求められる資質能力

現在、わが国の社会は、知識基盤社会の到来、情報通信技術の急速な発展、社会・経済のグローバル化や少子高齢化の進展など急激かつ大規模な変化に直面している。中央教育審議会答申「これからの学校教育を担う教員の資質能力の向上について〜学び合い、高め合う教員育成コミュニティの構築に向けて〜」（二〇一五年十二月）では、このような変化に対応するためにこれからの教師に次のような資質能力を求めている[注3]。

(1)「学びの専門家」としての資質能力

第一に、「学びの専門家」としての資質能力である。社会の変化に伴い、学校において子供に育成すべき資質・能力が変化している。二〇一七・二〇一八年告示の学習指導要領の焦点は、子供たちが「何を理解しているか（知識・技能）」だけでなく、「理解していること・できることをどう使うか（思考力・判断力・表現力等）」、理解していることを使って「どのように社会・世界と関わり、よりよい人生を送るか（学びに向かう力・人間性等）」にある。こうした資質・能力を子供たちに育むために、各学校では、「主体的・対話的で深い学び（アクティブ・ラーニング）」の視点を踏まえた指導方法の見直し等による授業改善が求められる。また、設定した教育目標の実現に向けて学習指導要領等に基づき、どのような教育課程を編成し、どのようにそれを実施・評価し改善していくのかという「カリキュラム・マネジメント」を通じた教育活動や組織運営の改善が求められる。

それゆえ、これからの教師には、「教えの専門家」としての資質能力に加えて、「アクティブ・ラーニングの視点から学習・指導方法を改善していくために必要な力」「学習評価の改善に必要な力」「教科等を超えたカリキュラム・マネジメントのために必要な力」など、「学びの専門家」としての資質能力が必要である。また、その他にも、「小学校における外国語教育の早期化・教科化」「ＩＣＴの活用」など、新たに生じる教育課題に対応できる力も求められている。

「学び合う専門職」モデルから見ると、こうした「学びの専門家」としての資質能力は、知識社会に備える「触媒者」としての役割を果たすために必要な資質能力だといえよう。

その一方で、中央教育審議会答申「チームとしての学校の在り方と今後の改善方策について」（二〇一五年十二月）では、社会の変化に伴い、子供や家庭、地域社会も変容し、生徒指導や特別支援教育に関する課題が複雑化・多様化していることが指摘された。その変容とは、都市化・過疎化の進行、家族形態の変容、価値観やライフスタイルの多様化、地域社会等のつながりの希薄化や地域住民の支え合いによるセーフティネット機能の低下などである。また、わが国の子供の貧困状況が先進国の中でも厳しく、学校における対応が必要であることも指摘された。

それゆえ、これからの教師には、「いじめ・不登校などの生徒指導上の課題」「貧困・児童虐待などの課題を抱えた家庭への対応」など、従来指摘されている教育課題に対応できる力に加えて、「道徳教育の充実」「発達障害を含む特別な支援を必要とする児童生徒への対応」など、新たに生じる教育課題に対応できる力も必要である。

「学び合う専門職」モデルから見ると、これらの教育課題に対応できる資質能力は、知識社会を乗り越える「対抗者」としての役割を果たすために必要な資質能力だといえよう。

(2)「学び続ける教員」としての資質能力

第二に、「学び続ける教員」としての資質能力である。現在、学校の抱える多様な教育課題に対応し、新たな学びを展開するために、教師は探究力をもち学び続ける存在であるという「学び続ける教員像」の確立が目指されている。それゆえ、これからの教師には、「自律的に学ぶ姿勢を持ち、時代の変化や自らのキャリアステージに応じて求められる資質能力を生涯にわたって高めていくことのできる力」が必要である。

(3)チームとして組織的に教育課題に対応する資質能力

第三に、チームとして組織的に教育課題に対応する資質能力である。学校の抱える教育課題は多様であり、一人の教師がこれまでどおり、高度な専門性をもちつつ対応することは困難である。それゆえ、これからの教師には、教育課題に対応できる力だけでなく、「『チーム学校』の考えの下、多様な専門性を持つ人材と効果的に連携・分担し、組織的・協働的に諸課題の解決に取り組む力」が必要である。つまり、授業や生徒指導といった教育指導の資質能力だけでなく、協働的な課題解決やマネジメントといった組織人としての資質能力が求められているのである。

「学び合う専門職」モデルから見ると、「学び続ける教員」としての資質能力もチームとして組織的に教育課題に対応する資質能力も、「学び合う専門職」となるために必要な資質能力だといえよう。

③ 教員育成指標

中央教育審議会答申「これからの学校教育を担う教員の資質能力の向上について～学び合い、高め合う教員育成コミュニティの構築に向けて～」（二〇一五年十二月）では、各都道府県等は、「教員がキャリアステージに応じて身に付けるべき資質や能力の明確化」のため、「教員育成指標」を整備する必要があると提言された。その後、二〇一六年十一月に、教育公務員特例法の一部が改正され、任命権者には、教員等の職責、経験及び適性に応じて向上を図るべき資質能力に関する指標の策定が義務づけられた。

「学び合う専門職」モデルを念頭に置いて、自分が教員採用試験を受けようとしている都道府県の「教員育成指標」を確認し、これからどのような資質能力を高めていけばよいかを考えてみてほしい。

《補説》三つのスキル

教師の力量を捉える時、教育指導において「目に見える実践的技量」をテクニカル・スキルとし、目に見えない「人間の内面的な思考様式」にかかわる技量をコンセプチュアル・スキル、学校において教師と子供、教師同士の関係などに必要な力量をヒューマン・スキルとして理解することがある。

テクニカル・スキルは、教職や教科の専門的知識と指導技術、科学的研究法や専門を支える教養、言葉や文字だけでなく適切なメディアを活用する表現能力、そして経験や研修を通じての教育指導技術の蓄積である。

この面の力量は、A教師、B教師の二人が同程度の知識量と技術水準をもっていたとしても、子供に同じ教育効果をもたらすかといえばそうではない。そこには何かがある。ヒューマン・スキルもコンセプチュアル・スキルも関係しているが、言語化できない「資質」も作用している。

コンセプチュアル・スキルは「モノの見方」として「広い視野」「先見性」、さらに、創造力、分析力、論理性、構成力、応用力といった認識的側面である。教師個々のもつ教育観や子供観などもこの範疇に含まれる。ヒューマン・スキルは「人間理解力」や「感性」に支えられた対人関係能力である。

教師のテクニカル・スキルは、このような資質に支えられて、磨かれ、高まり、生きていく。しかし、標準的、慣習的な行動パターンや「モノの見方」に閉じこもってしまうと画一化し、硬直化し、閉鎖的になる。教育改革が進捗しているように表層的には見えても、本質が変わらないのは、目的―手段合理性を求める実践や研修などを通じて、パラダイムが固定化しているためである。

今日、求められている反省的教師はこのような固定化したパラダイムを自らが変革していく自律した教師像である。自主的・自律的な学校経営を実践し、優れた特色ある教育活動を創造していく教師の力量はどのように理解されるのであろうか。それは、これまでの学校の中で永く根強く息づいている「モノの見方」や認識枠組み、さらには、ごく自然のこととして「無意識」なまま見過ごしている現実を創造的に変革していく力量である。組織心理学者のシャインは、組織文化の変革は「価値」の次元、「基底的前提」の次元を揺り動かさない限り達成できないという。教育改革は教師自らがこのような「反省」能力をもち、自己組織化していく努力によってとげられる。

【注】

注1　教師を聖職者に例える理由は、「人間の精神の成長・発達をはかる」という教師の仕事が、天（神）になりかわっての仕事であると考えられたためである（横須賀、一九七六、467頁）。

注2　「順良」「信愛」「威重」の意味について、佐藤（二〇一八）を参照した。

注3　資質能力の捉え方について、牛渡（二〇一六）を参照した。

【参考文献】
牛渡淳（二〇一六）「わが国における教師教育改革の動向と課題―中央教育審議会教員養成部会『中間まとめ』（2015．7．）・『答申素案』（2015．9．）を中心に―」『仙台白百合女子大学紀要二十巻』1―9頁
大村はま著（一九九六）『新編　教えるということ』筑摩書房
岡東壽隆著（一九九四）『スクールリーダーとしての管理職』東洋館出版社
岡東壽隆（二〇〇一）「教員の専門性について」日本教育経営学会編『日本教育経営学会紀要第四十三号』第一法規、2―15頁
斎藤喜博著（一九七九）『教師の仕事と技術』国土社
斎藤喜博著（一九七〇）『斎藤喜博全集10』国土社
佐藤晴雄著（二〇一八）『教職概論　第5次改訂版』学陽書房
永井道雄編（一九五七）『教師　この現実　教師の生態論』三一書房
中島太郎（一九五六）「近代的教職観の成立とその法制上への影響」細谷恒夫編『教師の社会的地位』有斐閣、3―36頁
アンディ・ハーグリーブス著、木村優他監訳（二〇一五）『知識社会の学校と教師　不安定な時代における教育』金子書房
森有礼著、大久保利謙編（一九七二）『森有礼全集第一巻』宣文堂書店
横須賀薫（一九七六）「3種の教師論」中内敏夫・堀尾輝久・吉田章宏編集代表『現代教育学の基礎知識(2)』有斐閣、476―477頁

V 教育的な関係

一 人間の「発達の可能性」への着眼

❶ 教育の原点

授業や学級づくり、生徒指導や学校行事など、様々な教育の場面で、教師が子供たちとどのような関係を創り出すかということは、教師にとって根本的に大切なことである。それゆえ、教育の方法や内容にはやりはあっても、「教育的な関係」を問うことは、いつの時代でも変わらない不易なテーマである。

それでは、「教育的な関係」とはどのような関係なのだろうか。

わが国の二十世紀を代表する教育者として知られる東井義雄と斎藤喜博は、教育の原点を考えるうえでたいへん興味深いことに、ともに死刑囚・島秋人に言及している。

島秋人（一九三四～一九六七年）は、小学校でも中学校でも「低能児」といわれ、人に疎んじられ、性格が歪み、少年院にも入れられ、自分でもつまらない人間だと思っていた。ついに、二十四歳の時に強盗殺人を犯し、死刑囚となり刑死したのである。この「島秋人」という名は、歌人としての名前だが、彼は死刑囚になってから短歌をつくり始めた。小学校・中学校を通してほめられたことなどなかったが、たった一度、中学校一年の時の担任であった美術の先生から「絵はへたくそだけれども、絵の組み立て、構図はお前のが一番よい」とほめられたことが忘れられず、その先生に獄中から手紙を出した。すると、先生の返事と一緒に、先生の奥さんの手紙がそえられてあって、そこに三首の短歌が書いてあった。このことが短歌をつくるきっかけとなった。島が獄中でつくった短歌は、三十三歳で死刑になった翌月、『遺愛集』という歌集として出版された。その序文では、歌人の窪田空穂が、「（島秋人の歌を読むと：筆者注）頭脳の明晰さ、感性の鋭敏さを思わずにはいられない感がする」と書いている。（斎藤、一九六九、5―7頁）（東井、二〇〇八、8―14頁）

東井義雄は、ある講演会で『遺愛集』にある短歌に島の深まりを読み解きながら、「こんなすばらしい歌が生まれてくる力が島さんの中にはちゃんとあったんですね。こんなに人間らしい美しい心もあったんですね」と語っている。（東井、二〇〇八、14頁）

また、斎藤喜博は、小・中学校で「低能児」といわれた島が「頭脳の明晰さ、感性の鋭敏さを思わずにはいられない」と評価されていることを挙げて、「この島秋人も、やはり豊かな可能性をもって生まれて来ていたのである。それが残念なことに死刑囚となってから引き出されていったのである。死刑囚となり短歌をつくることによって、自分の内部にあるよいものが引き出され、それを契機にして他のよい要素が芋づる式に引き出され拡大していったのである」と述べている。（斎藤、一九六九、7頁）

ここで、東井や斎藤が、人間のもつ力や美しさ、可能性といったものに目を向けていることに注目しよう。彼らは教育の考え方や方法に違いはあるが、ともにその人のもつよさや力にその人の発達の可能性を見て、それらを引き出し、主体を確立し、人間として豊かに成長し変革していくことを教育の仕事としたのである。したがって、「教育的な関係」も「人間をどのように見るか」という教育の原点から考えていこう。

❷ 人間をどのように見るか

ではまず、学校における教育活動を例に、「人間をどのように見るか」、すなわち「教師が子供をどのように見るか」について、具体的に考えてみよう。

「主体的に他者とかかわり合う子の育成」を教育目標とする小学校。学級担任のA先生は、「自分の学級の子供たちは、主体的に他者とかかわることができていない。授業で話し合いをさせても、勝手にしゃべるか、声の大きい子が一方的に話しているだけだ。子供たちを主体的に他者とかかわることができるようにするためには、子供に対話力をつけさせることが必要だ。だから、正しい対話の型を身につけさせよう」と考えた。

そこでA先生は、頷きながら聴く、おうむ返しをするなど、数々の対話のスキルをA先生自身が学んだ。そして、それを「対話のわざ」と称して子供たちに授業で教え、二人一組で熱心に練習させた。

さらに、A先生は「正しい対話の型を身につけさせるうえで、問題は、他者とかかわる能力のない子ややる気のない子をどうするかだ」と考えた。そして、その子たちに「どうやってできるようにさせるか」「どうやってやる気を出させるか」と考えて、個別に対話のわざを練習させたり、その子供にもできる簡単なことをやらせて、できたことをほめて達成感をもたせたりした。

その結果、子供たちは、授業だけでなく学級活動などでも、わざを活用し、自分たちでA先生の求める話し合いができるようになった。またA先生の指示は一人ひとりに行き届き、どの子供もA先生の指示や質問に集中して、しっかり答えるようにもなっていった。こうしてA先生は、規律のある整った学級をつくりあげた。A先生は、どの学級をもっても、同じやり方で成果を出してきている。

このA先生は、子供たちを「対話のわざ」を使いこなし対話できるようにさせ、子供を授業に集中させる指導技術の使い手として優れている。実に、授業づくり・学級づくりに熱心な教師でもある。しかし、A先生の子供たちとの関係は、教育的とは言い難い。なぜなら、A先生は、「主体的に他者とかかわり合う子」の育成という目標を達成するために、A先生の論理に子供をあてはめ、子供たち自身にとっては外的なものさし（規準・基準）で子供の一面をはかりとり、「できる子／できない子（能力がある子／ない子）」「やる気がある子／ない子」とラベルを貼っているからである。そして、「できない子」を「できる子」に、「やる気がない子」を「やる気がある子」に変えていこうとする。

つまり、A先生は子供たちを、自分の教育活動の論理に合うように操作する「客体」（物）として見てしまっている。A先生が創り出す子供たちとの関係は、教師が「子供を統制する主体」となった「主体―客体」の関係である。

では、教師は子供をどのように見ていくことが、教育的に大切なのだろうか。

先に、東井義雄と斎藤喜博はともに、その人のもつよさや力にその人の発達の可能性を見て、それらを引き出し、主体を確立し、人間として豊かに成長し変革していくことを教育の仕事としたと述べた。教育とはそのような仕事なのであるから、教師は、「その子供は何ができ・できていないのか」を把握しつつも、まさに、「今その子供がどのように取り組んでいて、どこにその子供の主体を確立していく可能性（よさや能力）があるのか」と見ていくこと、つまり、子供を「可能性を開花させ豊かに育っていく存在」（発達の当事者）として見ていくことが大切なのである。

③「主体―主体」関係

子供を「可能性を開花させ豊かに育っていく存在」（発達の当事者）として見るということを、もう少し具体的に考えてみよう。

教師は、その子供たちが、日常の授業や行事や教室で過ごす中で、学級の仲間（ひと）や教材（もの）や出来事（こと）と、どのように出会い、どのようなかかわり合いをし、そのどこに子供たちが主体を確立し豊かに育っていく芽があるのかに目を向けていく。そして、その子自身がどのように育ちたがっているのかという「子供自身のねがい」といった「発達の可能性」に目を向けていく。さらに言えば、教師は、子供たちと応答し合いながらかかわる中で、子供たちが感じ、思い考え、行っている事実の内に、その子供の「発達の可能性」を見出していくのである。

このように、子供とのかかわりの中に子供の「発達の可能性」を能動的に見出していく主体としての教師にとって、子供は「客体」（物）ではない。その教師にとって子供は、ひと・もの・こととのかかわりの中で「可能性を開花させ豊かに育っていく主体」（当事者）である。それゆえ、教師が子供と創り出す関係は、「主体―主体」の関係である。この「主体―主体」関係が、教育的な関係の地盤である。

二　教育的な関係を創り出す

❶ 教師の「ねがい」と「ねらい」

教師が子供を「可能性を開花させ豊かに育っていく存在」として見、「主体―主体」の関係を創り出していこうとする時、教師がどのような「ねがい」と「ねらい」をもっているか、ということが最も重要である。

教師の「ねがい」とは、目の前の子供にどのように育ってほしいのかという方向性を示す価値的な目標である。その「ねがい」を自覚することによって、子供のどこにどのように働きかけていくかという「ねらい」もはっきりする。教育的な関係は、教師のもっている「ねがい」や「ねらい」によって方向づけられる。

例えば、ある学級で問題が解けずに困っている子供Bが、子供Cに「この問題がわからないのだけど……」と声をかけると、Cは「一緒にやってみよう」と返事をした。そして二人は、CがBに一方的に教えるのではなく、互いの考えを出し合いながら「ああでもない、こうでもない」と一緒に悩んでいたとしよう。「学び合うことを大切にして、この子供たちの根っこを太らせたい」という「ねがい」をもつ教師ならば、ただ「一緒に考えている」と二人を見るのではなく、「自分たちで自分たちの学びを生み出そうとしている」と見、その力が育っていくことを「ねらって」、二人が「どのように悩み対話し議論していたか」を価値づけるだろう。

ここで、もう一度、先述のA先生を振り返ってみよう。A先生の場合は、「『主体的に他者とかかわり合う子』を育てたい」が「ねがい」で、「正しい対話の型を身につけさせる」が「ねらい」だということになる。A先生は、「主体的に他者とかかわり合う子」を育てることを自分が達成すべき目標として捉えて、その目標達成のために子供たちを動かし、「『対話のわざ』を活用できる」ことに価値を置いている。つまり、A先生の「ねがい」や「ねらい」は、A先生自身の目標を達成することに向けられているのである。

A先生の「ねがい」や「ねらい」のもち方について、端的に例えてみよう。かつて、「教師は、自分が描きたい絵を描くために、子供たちを絵の具にしてはいけない」と言った小学校の校長先生がいた。A先生の「ねがい」や「ねらい」のもち方は、「A先生が描きたい絵を描くために（ねがい）、子供を絵の具にする（ねらい）」という在り方である。

しかしながら、絵を描く主体は子供たち自身である。だからといって、子供に任せてしまって、子供が描きたい絵を描かせればよいのではない。「主体―主体」関係を創り出すために教師が「ねがい」や「ねらい」をもつとは、「その子自身がどのように自分の絵を描きたがっているか」と、子供に身を寄せ心を寄せながら、教師が自らに問いかけることにほかならない。

❷ 教育活動における学び

子供が発達の可能性を開花させ学習や生活の主体として育っていくような学びのプロセスが、教育活動の中にしかけられていることが重要である。そのような学びのプロセスの本質は、「知識を獲得する」ことより、子供が「自ら考え出す」ことにある。さらにいうと、その子供が新たな知識や他者の考え方に出会い、それらと対話することで自分の考えを見つめ直し、自分の日常的な経験の中で培われてきた思考（感じ方・思いのもち方・考え方）を修正・更新し、自分の在り方を変革していくことにある。

したがって、子供がひと・もの・ことと出会いそれらと対話することを促す際、「教材がどのように語りかけてくるか」や「他者が何をどのように言っているか・しているか」に子供の注意を向けさせながら、同時に、他と対話しながら「自身がどのように感じ・思い・考えをめぐらせようとしているか」とその子供自身の在り方にも注意を向けさせていく。つまり、教師は、子供の自己内対話が深化するように働きかけるのである。

A先生は、子供を授業に集中させていたが、それはA先生の指示に対して集中させていただけであった。教師と子供が「主体―客体」の関係では、たとえ、教師が子供の思考を促すために「揺さぶる」質問を投げかけたとしても、子供を教師の質問＝要求に応えることに集中させてしまうため、自己内対話を核とした学びは創り出せない。

三　教育実践者に見る教育的な関係

それでは、以上の考え方を踏まえて、教育的な関係を教育実践者の中に見ていこう。取り上げる実践者は、最初に島秋人の話で取り上げた東井義雄と斎藤喜博である。

❶ 東井義雄に見る教育的な関係

(1) 東井義雄の人間の見方と「ねがい」

東井義雄（一九一二〜一九九一年）は、兵庫県出石郡合橋村（現・豊岡市）の東光寺（浄土真宗）に生まれた。一九三二年に姫路師範学校を卒業後、豊岡市内の小学校に勤務した。東井は、若い頃から生活綴方教育の実践者として知られていた。一九五九年には小学校時代の母校である相田小学校（一九六八年に現・豊岡市立合橋小学校へ統廃合）の校長として着任、中学校校長を経て、一九六四年に八鹿町立（現・養父市立）八鹿小学校の校長となった。一九七二年に定年退職して以降は、姫路学院女子短期大学講師や兵庫教育大学大学院非常勤講師として教育にたずさわった。

前述した島秋人に対する言葉からもうかがい知ることができるが、東井の人間に対する洞察は深い。

私たち人間のいのち自体が、しきりに、どこかで汚れたがっている。汚濁の誘いを待っている。私は、私自身の内部にはっきりそれを感じる。まさに「煩悩具足」である。……子どもだけではない。人間みんなが、それぞれ、大きな「茶碗の欠け」を抱えているのだ。私は、私自身にそれを感じる。すべての犯罪の可能性が、私自身の内部にうごめいているのを感じる。（東井、一九七二c、32頁）

東井の教育的な「ねがい」の奥底には、「人間という『茶碗の欠け』は、外からのつぎ込みによってはどうにもならないものである……人間というものは、本来そういうもの」であり、「大じなことは、与えることではなくて、子ども自体のいのちに点火し『主体』を確立し、たとい汚濁の中でも、汚濁をかかえたまま、自分を生かす道を歩ませること」だという人間観・人生観がある。（東井、一九七二c、32頁）

(2) 教育の「ねらい」と教育的な関係

東井は、「下農は雑草を作り　中農は作物を作り　上農は土を作る」（東井、二〇〇七、124頁）という農家の話を教育の在り方として捉えた。「ほんとうにいい作物を作ろうと思うと、やはり作物以前の『土』から作っていかなければならない」（東井、一九七二c、46頁）と述べたが、それは単に、子供という作物を植える安心安全な土壌（場・環境）をつくるといったようなものではない。「子どもの論理を大じにし、子どもの経験を大じにする立場、そういう姿勢を教師が持っていないと、子どものいのちの中から、本当に力づよい、頼もしいエネルギーをもりあげていくことはできない。したがって、ほんとうの学力も育てることはできない」のである。教師のもっている思想・信念を「おしつける」のでも、「子どもが、どんな無茶なことを考え、しゃべっても、『子どもについて行く』」という「はいまわり」（児童中心主義・はいまわる経験主義と批判された）でもなく、「子どもの感じ方・思い方・考え方・行い方」を「もっと値打あるものに高めていかねばならぬ」といった考え方なのである。（東井、一九七二c、109―110頁）

「子どもの感じ方・思い方・考え方・行い方」とは、その子供自身の「生活の論理」である。それらは、その子供をしてそう感じ、そう思い、そう考え、そう行わせるような、子供の父母の感じ方・思い方・考え方・行い方のすじ道、家風、地域の人たちの生活様式、風習、伝統、文化といった子供の底に働いているものも含んでいる。（東井、一九七二c、15―25頁）

(3) 教育的な関係における学び

東井は、次のように、子供の「生活の論理」を大事にして、子供の認識を高め、生活を耕していこうとした。

例えば、「さるも木からおちる」ということわざを読ませることを通じて「読解力」を育てる場合、「これは、さるのような木のぼりのうまいものでも、ゆだんしていると木からおちる。さるに限らず何でも、少しばかり上手だといっていい気になっていると失敗するものだ、ゆだんをしないことが大切だ、というわけなんだよ」と、教える方法がある。これは、一番「力」のつかない方法である。「力」をつけようと考えるなら、まず、子供の感じ方・思い方・考え方・読み方で、受けとめさせねばならぬ。そうすると、

○さるはかにをひどい目にあわせたので、ばちがあたって、木からおちた。……（中略）……等、いろいろ

に読むだろう。この様々な読み取り方・受けとめ方を出し合って、相互に批判し合い、文の客観性に即して磨き合っていく道が、一番「力」をつけ得るのではないだろうか。（東井、一九七二b、101―102頁）

東井によれば（東井、一九七二c、15―16頁）、授業という仕事は、「伸びたがり、太りたがっている子どもたちが、おのずから形成してきたその『生活の論理』と子どもたちが私たちの祖国と世界史に新しい頁を書き加えてくれるためにはどうしても身につけてくれることの必要な『教科の論理』を対決させ、かみあわせて、子どもの『生活の論理』を、より客観性のあるもの、普遍性のあるものに磨きあげる」ことである。子供の「生活の論理」に対して「教科の論理」とは、教科のもっている論理性や法則性である。ただし、教科のもつ普遍性・客観性は、「誰かに主体化されないではたらき得ないでいるもの」である。それゆえ東井は、授業とは、「『教科の論理』を主体化している『教師』と、『生活の論理』を武器とする『子ども』との対決だ」と捉えた。

こうした対決という関係の中で、子供が、「はてな？」「なぜかな？」と問題をもち、「こうしてみたらどうなるかな？」と追求し、「いつでも、どこでもこの通りになるだろうか？」と確かめ、そのうえで、「なるほど」と大きく頷いていく学びを目指すのである。（東井、一九七二a、62―119頁）

授業とは、「子どもの主体の燃えあがりと、子ども仲間の燃えあがりと、教師の主体的なねがいの燃えあがりの、意図的、計画的な組織づけでなければならない。その中での、おのおのの主体の高まりあいでなければならない」（東井、一九七二c、10頁）と考えた東井において、教育における教師と子供の「主体―主体」関係は当然のことであろう。

② 斎藤喜博に見る教育的な関係

(1) 斎藤喜博の人間の見方と「ねがい」

斎藤喜博（一九一一～一九八一年）は、一九三〇年に群馬師範学校を卒業後、小・中学校の教師を経て、群馬県佐波郡の島小学校（後の伊勢崎市立境島小学校・二〇一六年閉校）の校長を十一年間（一九五二～一九六三年）、境東小学校（現・伊勢崎市立境東小学校）を経て、境町立境小学校（現・伊勢崎市立境小学校）の校長を五年間（一九六四～一九六九年）つとめ、子供たちの無限の可能性を引き出す授業で全国にその実践を示した。島小学校における斎藤の実践は「島小教育」として有名である。退職後も宮城教育大学等で教員養成にたずさわり、また全国の学校に出向いて現職教員や校長を指導し、「教授学研究の会」を結成するなどして、生涯、教育という仕事を追求した。また土屋文明に師事し、若い頃からアララギ派の歌人としても活躍した。

斎藤は、「人間は誰でも、無限の可能性をもっているのであり、自分をより豊かに成長させ拡大し変革していきたいというねがいをもっているものである。また誰でもそういう力をもっているものである。教育という仕事は、そういう考え方が基本にあったときはじめて出発していくものである」（斎藤、一九六九、5頁）と、考えていた。前述した島秋人について、斎藤喜博はこうした考え方の証として語っているのである。

(2) 教育の「ねらい」と教育的な関係

教育という仕事の本質について斎藤は、「教育は、自分を変革することによって、相手をも変革させるという本質をもった仕事である。もちろんその逆に、相手が変革することによって自分が変革するという要素ももっている。この二つがひびき合って、教育は成立する。教育という仕事のもっている可能性を実現することができる」（斎藤、一九七〇、44頁）と述べた。この考え方は、まさに「主体―主体」関係を意味している。

学校教育の中核である授業については、「教材のもっている本質とか矛盾とかと、教師のねがっているものと、子どもたちの思考・感じ方・考え方との三つの緊張関係のなかに成立」するといい、ここに教育や授業の本質を見ていた。「授業のなかのこころよい密度の高い緊張関係」は、「この三つが授業のなかで的確にふれあい、教師と子ども、教師と教材、子どもと教材とのあいだに、複雑に相互交流を起こし、衝突を起こし、葛藤を起こすこと」でつくり出されるとした。（斎藤、一九六九、85頁）

斎藤は、緊張関係のある授業の動的な状態を、「一人が言えば他が無言でうなずいたり、心をふくらませたり、教師の反撃とか説明とかによって、教室全体が花の咲いたようになったりするのである。またときには、何秒間も教室全体が無言になり、深く考え込んでいるような場面もうまれてくる」と表現している（斎藤、一九六九、22頁）。このような関係の中で斎藤がねらっていたことは、期待される人間像といった固定的な型に人間をはめ込み、人間を固定化し、人間のもっている可能性を閉ざしてしまうのではなく、人間のもっている無限の可能性を引き出し拡大し、自分をより豊かに成長させ変革していくことである。

斎藤は、学校教育の営みの本質や使命を「創造」（「人間と人間との間に、新しいものをそのときどきに造型していく」こと・「未知のものへの挑戦」）と捉えていた（斎藤、一九六六年、80頁）。創造的な関係は、教師と子供に限ったことではない。斎藤は、「学校教育の三本の柱である『授業』と、広い意味での『芸術教育』と、『行事』のそれぞれのなかで、教師と子ども、子どもと子ども、また学級と学級とが、相互交流を起こし、衝突・葛藤を起こし、そのことによって新しいものをつぎつぎと生み出し、個人なり学級なり学校全体なりを拡大し深化していく」と表現している（斎藤、一九六六年、79頁）。このような動的な関係の中で、「創造的な解放された生き生きとした人間、自分の考えとか行動とかをもった人間」「明確な輪郭をもった新鮮な子どもとか学級とか学校集団とかもつくり出されていく」のである（斎藤、一九六六年、79頁）。なお、非常に重要なことは、こうして創り出された「新しいもの」を形式化し固定することなく、「次の授業とか行事とかの積み上げによって、惜しげもなくこわし」、また創り出していくことである。（斎藤、二〇〇六、268頁）

(3) 教育的な関係における学び

授業や行事など教育活動の中で、衝突・葛藤・対決が起こることによって、新しいものが生み出される。こういうことができるのは、学び合い影響し合うということに基本を置いて他との関係をつくっているからにほかならない（斎藤、一九六九、29頁）。例えば、島小学校で「××ちゃん式まちがい」という指導方法が生み出された。それぞれの子供の思考や計算方法の間違いをみんなの前へ出し、一緒にその間違いの原因やその中にある間違い方の方法を考え出そうとする方法である。こういう指導は、間違えた特定の子供の否定になりそうだが、そうならなかったのは、間違いを「××ちゃん式」と一般化しただけでなく、客観的に、共通課題として扱ったからである。そしてなにより、島小学校の教師集団自身がこのように学び合い影響し合う職場づくりをしていたからこそ可能であったのである。（斎藤、二〇〇六、86—89頁）

また斎藤は、音楽会や運動会など学校の行事を重視した。それは行事の中で、空間の中で間合いをとり、他者との関係の中で位置をとり動作するという感覚の訓練ができるからである。これは、決して子供を形式化するのではない。「子どもたちの足にも腕にも背中にも神経がゆきとどいており、子どもたちが身体全体の皮膚で感じる能力をもっており、しかも必要に応じて自分の意志のとおりに咄嗟に全身を動かすことができる」（斎藤、一九六九、33頁）ようになっていてはじめて新しいものを生み出し、子供や学級全体を揺るがし拡大・変革していくことができるのである。もちろん、普段の対決があり対応があり交流がある授業の中でこう

した感覚や対応する力の基本はつくられる。（斎藤、一九六九、29―34頁）
斎藤喜博の創り出そうとした教育的な関係は、人間と人間の身体全体でのかかわりであった。

【参考・引用文献】

斎藤喜博著（一九六六）『現代教育批判』国土社
斎藤喜博著（一九六九）『教育学のすすめ』筑摩書房
斎藤喜博著（一九七〇）『斎藤喜博全集7　私の教師論　教育現場ノート』国土社
斎藤喜博著（二〇〇六）『授業入門』国土社
東井義雄著（一九七二ａ）『東井義雄著作集2　学習のつまずきと学力他』明治図書
東井義雄著（一九七二ｂ）『東井義雄著作集3　子どもを伸ばす生活綴方他』明治図書
東井義雄著（一九七二ｃ）『東井義雄著作集4　授業の研究・授業の技術』明治図書
東井義雄著（二〇〇七）『東井義雄一日一言　いのちの言葉』致知出版社
東井義雄著（二〇〇八）『自分を育てるのは自分　10代の君たちへ』致知出版社

Ⅵ 教師の仕事（一）授業

一 授業とは

授業は、学校の教育活動の根幹であり、教師にとって最も重要な職務である。教師は多忙化し職務領域がますます拡大し負担も大きくなっているが、授業は「教育の専門家」としての教師の核となる教育活動である。その営みの理解と実践力を高めていくことが今後ますます重要になる。本章では、授業についての認識を深めることを目的として、授業の設計・実施という観点から授業を捉え、次に授業技術について述べ、授業づくりへの展望を述べることとする。

❶ 学習指導要領

一時限ごとの授業は、各学校において編成された教育課程に基づいて実施される。つまり一つひとつの授業は、学校教育目標などの教育の全体計画—年間指導計画—単元ごとの指導計画—各時間の授業計画という組織的で体系的な教育活動の中に位置づけられる。その意味において、授業は教育課程（カリキュラム）の具体的な実施形態であり、実施されている教育課程である。

教育課程の編成はそれぞれの学校が主体的に行うものであるが、教育課程に関する基準（教科内容や授業時

図表Ⅵ―１：中学校　各教科等の授業時数
（出典：学校教育法施行規則別表第二（第七十三条関係））

区分		第１学年	第２学年	第３学年
各教科の授業時数	国語	140	140	105
	社会	105	105	140
	数学	140	105	140
	理科	105	140	140
	音楽	45	35	35
	美術	45	35	35
	保健体育	105	105	105
	技術・家庭	70	70	35
	外国語	140	140	140
道徳の授業時数		35	35	35
総合的な学習の時間の授業時数		50	70	70
特別活動の授業時数		35	35	35
総授業時数		1015	1015	1015

数など）は教育基本法、学校教育法、学校教育法施行規則等の法令や学習指導要領によって定められている。一例として図表Ⅵ―１に中学校の各授業の標準時数を示しておく。（学校教育法施行規則別表第二）

学習指導要領は当初、米国のCourse of Studyにならって文部省の「試案」として教師の教育活動の手引きとして一九四七年に発表されたが、一九五五年版以降に法的拘束力をもつようになった。それは、全国的に一定の教育水準を確保し、全国どこにおいても同水準の教育を受けることのできる機会を国民に保障するという観点からである。各学校は、定められた基準にしたがいながら、生徒や学校や地域の実態に即して創意工夫を加えて、教育課程を編成することが求められる。

❷新学習指導要領

二〇一七年度告示の新学習指導要領は、将来の変化を予測することが困難な複雑で変化のはげしい社会の中で、未来社会を切り拓くための「資質・能力」を子供たちに育成するために、「社会に開かれた教育課程」を理念とし、「主体的・対話的で深い学び」や「カリキュラム・マネジメント」の重要性を強調している。

(1) 社会に開かれた教育課程

社会に開かれた教育課程については、学習指導要領の前文に「教育課程を通して、これからの時代に求められる教育を実現していくためには、よりよい学校教育を通してよりよい社会を創るという理念を学校と社会とが共有し、それぞれの学校において、必要な学習内容をどのように学び、どのような資質・能力を身に付けられるようにするのかを教育課程において明確にしながら、社会との連携及び協働によりその実現を図っていくという、社会に開かれた教育課程の実現が重要となる」と記されている。社会とのつながりを保ちながら学ぶことのできる教育課程を各学校が編成し、それを地域・社会と共有・連携・協働して実施することを強調している。

(2) 育成すべき資質・能力の三つの柱

新学習指導要領では、それぞれの教科等を学ぶ本質的な意義を大切にしつつ、学校の教育課程全体の学びを通じて「何ができるようになるか」という視点で、子供たちに育成すべき資質・能力を捉えている。具体的には、①何を理解しているか、何ができるか（生きて働く「知識・技能」の習得）、②理解していること・できることをどう使うか（未知の状況にも対応できる「思考力・判断力・表現力等」の育成）、③どのように社会・世界と関わり、よりよい人生を送るか（学びを人生や社会に生かそうとする「学びに向かう力・人間性等」の涵養）という三つの柱で整理している。

(3) 主体的・対話的で深い学び（アクティブ・ラーニング）

その資質・能力を育成するために子供たちが「どのように学ぶか」について、「主体的・対話的で深い学び」（アクティブ・ラーニング）の視点が強調されている。具体的には「①学ぶことに興味や関心を持ち、自己のキャリア形成の方向性と関連付けながら、見通しを持って粘り強く取り組み、自己の学習活動を振り返って次につなげる『主体的な学び』が実現できているか、②子供同士の協働、教職員や地域の人との対話、先哲の考え方を手掛かりに考えること等を通じ、自己の考えを広げ深める『対話的な学び』が実現できているか、③習得・活用・探究という学びの過程の中で、各教科等の特質に応じた『見方・考え方』を働かせながら、知識を相互に関連付けてより深く理解したり、情報を精査して考えを形成したり、問題を見いだして解決策を考えたり、思いや考えを基に創造したりすることに向かう『深い学び』が実現できているか」（中央教育審議会、二〇一六）である。

(4)カリキュラム・マネジメント

教育課程を軸に学校全体を改善するために「カリキュラム・マネジメント」が強調されている。新学習指導要領では「各学校においては、生徒や学校、地域の実態を適切に把握し、教育の目的や目標の実現に必要な教育の内容等を教科等横断的な視点で組み立てていくこと、教育課程の実施状況を評価してその改善を図っていくこと、教育課程の実施に必要な人的又は物的な体制を確保するとともにその改善を図っていくことなどを通して、教育課程に基づき組織的かつ計画的に各学校の教育活動の質の向上を図っていくこと（以下「カリキュラム・マネジメント」という。）に努めるものとする」と記されている。教育活動相互の関係を捉える教科横断的な視点をもつこと、教育課程のＰＤＣＡサイクルを確立すること、地域の人的・物的資源等を生かすことが重要である。

③ 二つの授業の様式

ところで、授業の様式をめぐって大きく二つの異なる考え方がある。佐藤学はジャクソンの『授業という実践』に依拠して、模倣的様式と変容的様式という二つの概念を紹介している。（佐藤、一九九六、63頁）

模倣的様式とは、知識や技能の伝達と習得を基本とする授業の様式である。学習者が教師のもつ知識・技能を模倣し再現するという古代ギリシャの伝統を起源とするものであり、近代の学校における支配的な様式になってきた。例えば、授業は文化の伝承であるという考え方はこの様式に対応する。

一方、変容的様式とは、学習者が思考態度や探究方法を形成することを授業の基本とする考え方である。この様式は、対話を通して自らの偏見や前提を吟味して無知の知へと導いたソクラテスの産婆術にその起源を求めることができる。この伝統は中世のリベラルアーツの教育に継承され、二十世紀には進歩主義の教育運動に引き継がれる。授業が文化の伝達ではなく、文化の再創造であるという考え方はこの様式に対応する。

この二つの様式は、教育内容の知識の学習に重点を置き知識や技術の獲得それ自体を重視する実質陶冶と、教材の内容そのものよりも教材を媒介とした能力の発展を重視する形式陶冶にそれぞれ対応する。実際の授業はどちらか一方だけで成り立つというものではない。しかし、これらの様式は実践にあたる教師の授業観あるいは教育観の基底をなすものである。

④ 授業の過程

教師の立場から、一時間の授業を行う場面を想定してみよう。授業は、明確な目的のもとに展開される教師の意図的な活動である。教師にとっての授業は、計画、準備、実施、そして評価という一連の過程である。

教師の授業計画は、学習指導要領の規定や学校の教育目標など様々な点を考慮しながら、年度当初に年間予定を構想し、それから、学期ごと、単元ごとといった細部の計画を立てる。いうまでもなく、生徒の実態等に合わせてそれらが変更される場合も多々ある。

準備の段階では、授業目的の設定、教材研究、学習指導過程の設計という作業が中心となる。まず計画に基づいてその時間の指導目標を定めることから始まる。「何を生徒に考えさせたいのか」「何のためにそれを教えるのか」という授業の目的・意図を明確にすることは授業の設計において最も重要である。授業の目的は教科書に左右されるのではない。教科書にあることを教えるのが授業であり、それが教師の仕事だとしばしば錯覚されることがある。しかし、教科書を用いて何かを教えるのが授業であり、生徒の側からいえば教科書を利用して何かを学ぶのが授業である。そのため、授業の目的は、生徒の実態に即して、柔軟に設定しなければならない。

授業の準備において最も重要なのは、教材研究である。多くの場合、教科書がその中心となるが、授業目的を達成するために、何をどのように教えるのかという視点から教材を分析し、それをどのように授業の中に組み込んでいくかを考える。「投げ入れ教材」は授業効果を高めるために随時利用する教材であるが、それが必要かどうか、必要だとすればどのようなものを利用すればよいかもこの段階で検討する。

学習指導過程は、授業の目的を達成するためのプロセスであり、一般的には、新教材への導入、学習活動の展開、学習のまとめ、という一連の活動によって構成される。したがって学習指導過程の設計は、授業準備の最終段階として、学習指導案としてまとめられる。授業の時間進行に応じて、何の目的で、何を用いて、どの場面で、どのように指導していくかという具体的な計画案である。例えば、映像などの教具の利用についてもこの段階で確認しておくことで、授業を実際に行う事前のシミュレーションの役目を果たすことになる。

授業を設計し実施するうえで重要なことは、いかに生徒との応答関係をつくり出し、コミュニケーションを活性化させ、みんなで考えるような授業を展開させていくかである。一つだけポイントを挙げるとすれば、教師の側から生徒への「発問」の質を挙げておきたい。発問とは、学習者の興味や関心をかき立て、考えてみたいという学習意欲を呼び起こす契機となる教師から生徒への働きかけである。教師のすべての言葉が自然に発問になるわけではなく、単純な「はい」や「いいえ」の応答を求めるようなものではない。発問は、試行錯誤と教材研究などを通じて、考えぬいた末につくり出される性質のものであり、計画的に考案されなければならない。そして発問の巧拙が授業の成否を握るといってもよいだろう。

授業を実施する場面では、いかに綿密な計画を立てていても、その計画どおりに授業が実施されることは、実際には稀である。それは、生徒の応答が必ずしも教師の期待どおりにはなされないことに起因する場合が多い。教師が自分の求める答えをあくまで要求し続けるならば、生徒の側は答えを自分で考えるのではなく、教師の望む答えを探し、教師の問いかけを満足させるだけの立場に立つことになってしまう。このような状況は右に述べたような授業の意図することではない。予想もしなかった生徒の応答にどう対応するかが、教師の授業の力量が問われる場面である。即時にどうするかを決め、適切な行動をとらなければならない。生徒の発言の内容、その場の状況、授業の文脈との整合性を判断しながら、その予想もしなかった応答をできる限り授業の中に生かすことが望ましい。そのため、教師は自らの中に可能な限りの多様性、すなわち様々なものの見方、考え方、価値観、説明のための事例や言語などをもっている必要がある。

その他、すべての生徒の視線に注意しながら、生徒の反応から理解度を確認したり、さらには授業規律を維持したりするなどといった事柄も一時間の授業の中で毎回繰り広げられる。こうしたすべてのことに教師は対応することが求められているのである。

二　授業技術

①明示的な授業技術

　授業の善し悪しは、その教師のもつ授業技術と密接に関連している。ここでいう授業技術（教育技術）とは「教師が、子どもの状態を見ながら、教育目的に沿って子どもの学習が成立するように授業状況を組織運営する際の、教師の認知や判断とそれに基づく行為を含む意思決定過程」である。（生田、161頁）

　例えば、教育実習に臨んでいる学生に対して指導されることの多い教材研究（教材の目標の理解、目標・内容・教材の設定、指導内容・教材の専門的研究、児童生徒の実態把握）、授業の構成法・指導過程（導入―展開―整理）、指導形態（説明、指示、発問、板書、教育機器の使用）などは、基本的な授業技術である。こうした授業技術は明示的であり、観察評価の対象となりやすい。例えば、図表Ⅵ―2に示すように、教育実習生や初任者が習得しなければならない事柄として挙げられる。それゆえに、明示的な授業技術があたかも授業技術のすべてであるかのように受け取ら

図表Ⅵ―2：教育実習生の授業における問題点
（出典：藤澤、2004、25頁）

授業準備での問題点	
1	指導案に単元目標が書けない
2	授業内容の組織化がうまくできない
3	ただの教科書解説の授業で、生徒に習得させる工夫がない
4	生徒の既習知識に新知識をつなげる配慮がない
5	生徒に問題意識を持たせるための準備をしない
授業時の問題点	
6	授業時間の調整ができない
7	指名した生徒にしか、作業させられない
8	学習目標を生徒に伝えず、動機づけなしで授業を開始する
9	学習目標達成の確認をしない
10	発問と指名、応答の受容の仕方が不適切
11	教材や課題の内容が目的に照らして不適切
12	指示の方法が不適切
13	宿題を授業の中で、うまく機能させられない
14	一部の活発な生徒に授業の主導権を取られる
15	授業内容に無関心な生徒を発生させる
16	生徒に対する言葉遣いが不適切
17	生徒の問題行動に適切な注意を与えない

れることもある。

しかし、授業技術は、明示的な技術だけではなく、暗黙的な技術からも成り立っている。むしろ行動や行為として目に見える部分よりも、教師の認知や判断にかかわる意思決定過程の部分の方が大切である。

❷熟練教師の特徴

それでは、熟練した教師の授業は、どのような点で初任教師と異なるのだろうか。創造的な熟練教師は、次のような五点で特徴づけられる実践的思考様式を形成し機能させている。(稲垣・佐藤、104―112頁)

①即興的思考：授業後の反省の思考よりも、授業のただ中で遂行する即興的思考において、豊かな内容を活発に思考している。

②状況的思考：教室の雰囲気や子供の身体の空気やリズムやテンポなど、教室の状況に活発に参加してその変化に敏感に反応している。

③多元的思考：授業者の視点、子供Aの視点、子供Bの視点、観察者の視点というように、視点を移動させながら、教室の出来事を多角的・多義的・複合的に認識している。

④文脈化された思考：子供の一つの発言に対しても、それを、授業の展開、教材の内容との関係、その前の教師や他の子供の発した言葉との関連において理解し、その意味と発展方向を推論している。

⑤思考の再構成：自分の見方や意見を一方的に事例にあてはめて解釈するのではなく、自分自身の見方や意見を相対化して反省し組み替える思考が機能し、絶えず新しい事実の発見をしている。

このような反省的・省察的な実践的思考様式は、暗黙的で属人的な「意思決定過程としての授業技術」(生田、168頁）である。授業にかかわる教師の専門的力量は、このような広い意味での教育技術によって支えられているのである。

三　教授学習過程の再考

❶ ごまかし勉強

昨今、学力低下が叫ばれているが、ここでは藤澤伸介（二〇〇二）が指摘する「ごまかし勉強」という問題に注目したい。なぜならば、これは生徒たちや学生たちに広がっており、教師が対応すべき必要のある、学力低下を招く大きな原因の一つだからである。

ごまかし勉強とは、「手抜き勉強」「間に合わせの勉強」「一時しのぎの勉強」のことである。それは、次の五つの特徴をもつ（藤澤、二〇〇二、下・75―76頁）。①教科書に範囲を限定し、興味に応じて教材を広げたりしない、②自分の頭で考えたりまとめたりせず、指定されたもののみ記憶する、③意味を考えずただ機械的に暗記する（暗記主義）、④実力がつく方法を考えずに、ただ量をこなす（物量主義）、⑤過程より結果を重視する（結果主義）。

ごまかし勉強をすると、たしかに学校のテストでは点数がとれ、一時的に成績がよくなるかもしれない。しかし、その利点と比べて、はかり知れないほどの深刻な「副作用」が伴う。（藤澤、二〇〇二、下・67頁）

①教育目標の多くが達成されない。

②投入したエネルギーがむだになる。

③学習意欲を低める。
④学習自体の価値を低める。学習範囲の広がり、知的関心の広がりがなく、単調な学習に終始してしまう。
⑤学校教育の価値を低める。授業を怠けて学習内容を理解していなくてもテスト直前の暗記学習で点数がとれると、自ずと「授業は聞かなくてもよい」となり、授業の価値が下がる。
⑥自律性を疎外する。試行錯誤の機会が奪われるため、自分で考えて判断し行動することができなくなる。
⑦ごまかしが転移する。学校時代にごまかしの態度が身につくと、大人になってからもいろいろな場面でごまかしをするようになる。
⑧次世代に「ごまかし」を伝承する。親として、あるいは職場の先輩として、子供や後輩に自分の「ごまかし」経験を伝えてしまう。

こうしたごまかし勉強に対して、藤澤は「正統派の学習」の重要さを主張する。先述のごまかし勉強の五つの特徴に対して、正統派の学習は、①学習範囲の拡大、②独創志向、③意味理解志向、④方略志向、⑤思考過程の重視という五つの特徴をもつ（藤澤、二〇〇二、上・113頁）。教師はごまかし勉強を容認するのではなく、正統派の学習を子供に習慣づけていく必要があるだろう。

❷ 主体性の神話

「ごまかし」の病理については、正統な学習を推進する者であれば、その問題性を容易に見て取ることができる。しかし、戦後のわが国の教育においてあらためて問われなければならない問題は、生徒の主体性の尊重という言説である。新学習指導要領でも「主体的・対話的で深い学び」の実現が強調されている。「主体性（的）」という言葉で、自分がどのような学びや教育観を想定しているかを問うてみる必要があろう。

生徒たちを自立的・自律的な学習者に育てることは教育の重要な目的である。しかしながら、教師や教材とのかかわりやその学習環境と切り離して、生徒の性向自体に主体性を求め、生徒の内面の主体性によって学びが遂行されることを理想とする「主体性神話」が広く行き渡っていると佐藤は指摘している。（佐藤、二〇〇〇、19―22頁）

主体性神話は、自学自習・自己実現・自己決定の原理を理想化する傾向を生み出す。これらは独学の理想であるかもしれないが、教材や仲間や教師によって創られる学習環境の中で豊かに営まれる授業場面にはふさわしくはない。また総合的な学習（探究）の時間は、生徒が自主的・主体的に課題を設定し、自力解決させるものだと考えられている。その結果、教師の関与が活動前の計画づくりと活動後の感想文づくりにとどまり、課題の発展や解決のアイデアについて教師自身に見通しが立たず、活動過程でとまどう生徒たちに的確な対応ができないことが混乱をもたらしている。

そもそも欧米における「主体（subject）」という概念は同時に「従属」をも意味する。自己を超越した存在（神、自然、国家、真理など）に対して従属することで主体性が獲得されると考えられている。しかし、わが国における「主体」という概念はあらゆる従属関係や制約から自由になって自分の内面の意思に沿って行動することを意味する。それは「宙づりの主体」でしかあり得ない。

では、こうした主体性の神話を超えるものは何か。佐藤は、「受動的能動性＝対応」に鍵を見出している（佐藤、二〇〇〇、33―40頁）。「主体性」は一方的な能動性であるが、人の能動的な活動の前提には人やモノへの「対応」という受動性がある。挨拶を例にすると、気持ちのよい挨拶は相手への「対応」として言葉を発した時に成り立つのであり、相手と無関係に一方的に言葉かけをする挨拶は不快感をもたらすだけである。教室のコミュニケーションにおいても、発言することよりも聴くことの方が大切である。学びという能動的な活動においても、教材に対する、他の生徒の言葉に対する、そして自分自身のイメージや思考の揺れに対する受動的能動性＝対応が大切である。「主体性」よりも「慎み深さ」が学びの本質である。（佐藤、二〇〇〇、38頁）

受動的能動性＝対応は、生徒の学びだけではなく、教師の活動においても本質である。受動的能動性を中心とする教師の活動の第一要件は、教室の声なき声を「慎み深く聴く身体で子供一人ひとりと対峙すること」だと佐藤は指摘する。こうした教師は、自分の語りを意識し言葉を選びながら話すとともに、生徒の声なき声を聴くことに意識を集中させているのである。

③ 教えることの再考

近年、子供の主体性をもっと大切にしようと、「教える」ことよりも「学ぶ」ことへと教育観の重点が転換している。しかし、こうしたスローガンの陰で、教師の教える力が衰退し、「教えない教師」が増えていることを危惧する声もある。（大村他、7頁）

学校での学習の特徴は、他者との話し合いや共同作業を通じて、考えを深めたり、新しい発見をしたりしてともに考える喜びを見出せることにある。また、学校は、何度も失敗を重ねながら、わからないことがわかる、できないことができるようになる場である。このような場を仕組み、うまく学ぶことのできない生徒たちを何とか学ぶことができるように指導するのが、本来の教師の仕事である。（大村他、223頁）

国語教師としての実践を晩年まで続けた大村はまは、「教えない教師」の例として、ある研究授業で見た光景を挙げている（大村他、120―122頁）。その授業では、子供が作文を書いた後、クラスで作文を交換し合い、こんなことを書き足したらどうかといったコメントを書いて作文を書いた人に戻し、そしてコメントをもらった人はその助言に納得できたら自分の作文に書き足すという活動をしていた。ある子供が友達からもらったコメントに納得し、もう少し何か書き足した方がいいと気づき、それを書いた。そして、先生に「書けました。これは、どこに入れたらいいでしょう」と尋ねた。すると先生は子供の頭をなでて、「それはこのいい頭が考えるのよ」と答えた。この光景は、あたたかな先生の姿としてその後の研究会でも好評だったという。

しかし、大村はまは、子供にヒントも与えなかったこの教師の行動を「教えていない」と批判する。「一見、子供の自発性を尊重しているように見えて、実際のところは、もう一段階上の思考へと生徒を導くチャンスをみすみす逃してしまっている。あと一押しの『教えること』がないために、子供が自分で考える力も中途半端に終わってしまう」（大村他、185頁）

教えなかった教師が陥ったのは、子供自身の「気づき」に任せる学習観のワナである。手段であるはずの活動や体験の価値が強調されるあまり、活動を促すこと、体験の場を与えること自体が目的になってきているのである。（大村他、185頁）

子供が学ぶ喜びを知るためには、ちょうどいい材料ときっかけと方法とを教師が示すこと、つまりしっかりと教えきることが重要である。その点で、大村はま自身は、その時々に新しい教材を準備し、そのつど、子供の発想を誘うための「手引き」を作成して子供に渡していた。例えば読書であれば、子供たちはその手引きをきっかけに「こういう読み方があったのか、こういう発想の仕方があるのか」ということを具体的に学びながら本を読むことができ、自ら問題を発見することができた。

このように、大村はまは「教えること」の重要性を強調したが、それは教え込みではなく、教えきることの重要性だったのである。

【参考文献】

生田孝至（二〇〇四）「授業の知と教育技術」梶田正巳編『授業の知　学校と大学の教育革新』有斐閣、161―180頁
稲垣佳世子・波多野誼余夫著（一九八九）『人はいかに学ぶか　日常的認知の世界』中央公論社
稲垣忠彦・佐藤学著（一九九六）『授業研究入門』岩波書店
大村はま著（一九九六）『新編　教えるということ』筑摩書房
大村はま・苅谷剛彦・夏子著（二〇〇三）『教えることの復権』筑摩書房
佐藤学著（一九九六）『教育方法学』岩波書店
佐藤学著（一九九七）『教師というアポリア　反省的実践へ』世織書房
佐藤学著（二〇〇〇）『授業を変える　学校が変わる』小学館
中央教育審議会（二〇一六）「幼稚園、小学校、中学校、高等学校及び特別支援学校の学習指導要領等の改善及び必要な方策等について（答申）」
藤澤伸介著（二〇〇二）『ごまかし勉強』（上・下）新曜社
藤澤伸介著（二〇〇四）『「反省的実践家」としての教師の学習指導力の形成過程』風間書房

Ⅶ

教師の仕事（二）生徒指導・学級経営

一　生徒指導

①生徒指導の目的―自己指導能力の育成―

「これまであなたはどのような『生徒指導』を受けてきましたか？」と聞かれたら、みなさんは何を思い浮かべるだろうか。例えば、教師がとにかく「校則を守りなさい」と言うこと、登下校時や服装検査の機会に「校則違反を正しなさい」と注意・叱責をすること、問題行動に対処すること、などであるかもしれない。また、「あの先生は生徒指導の先生」と特定の教師が行う指導であるとか、何かしらの違反をしている特定の生徒が受ける指導であるというイメージもあるだろう。しかし、こうした指導は生徒指導の一部にすぎない。

生徒指導とは「一人一人の児童生徒の個性の伸長を図りながら、同時に社会的な資質や能力・態度を育成し、さらに将来において社会的に自己実現ができるような資質・態度を形成していくための指導・援助であり、個々の児童生徒の自己指導能力の育成を目指すもの」（文部科学省、5頁）である。「自己指導能力」とは、自分で自分を指導していく力であり、「それぞれの場で、どのような行動をとったらよいか適切に選択するための能力」（坂本、一九九九、25頁）である。この中には、「自己をありのままに認め、自己に対する洞察を深めること、これらを基盤にした自らの追求しつつある目標を確立し、また明確化していくこと、そして、この目標の達成のため、自発的・自律的に自らの行動を決断し、実行することなど」（坂本、二〇〇二、7頁）が含まれる。「先生に注意されるから」という理由で生徒が問題行動をしなくなったというのでは、自己指導能力を育てたとはいえない。生徒が自らの行動の善し悪しを自分で判断し行動できる力をつけることが重要である。

❷「機能」としての生徒指導

生徒指導は、各教科の指導以外の機会に行われる指導であると「領域」として捉えられがちだが、それは誤りである。生徒指導は、生徒の自己指導能力の育成を目指して、授業、クラブ活動、放課後などのすべての場において、また教科指導、特別活動、進路指導などのあらゆる指導領域において作用する「機能」として捉えるべきである。

「機能」としての生徒指導は、どの指導領域においても次の三点が大事である。（坂本、二〇〇二、13頁）

①「自己決定」の場を用意する：生徒が他の生徒の主体性を尊重しつつ自己実現を図るために自分はどのような行動をすればよいのかを考えて実行し、それに責任をもつことができるようにすること。

②「自己存在感」を与える：生徒が、自分の存在は学級の中で認められている、自分は学級の一員であるという認識をもてるようにすること。

③「共感的関係」を育てる：教師と生徒がありのままの自分をお互いに出し合い、一人の人間として互いのことを認め、尊重し合う関係を学級の中につくること。

これらを行ううえで大切なのは、「居場所づくり」と「絆づくり」である。「居場所づくり」とは、すべての生徒が安心でき、自己存在感を感じられ、落ちついて学べる場所をつくることである。ただし、教師が「居場所づくり」のための働きかけを行えば、自然と生徒の間に「絆」が生じるわけではない。生徒主体の「絆づくり」が進むには、日々の授業や学校行事や生徒会活動などにおいて、生徒が主体的に取り組む共同的な活動を通して、生徒たち自らが「絆」を感じ取り紡いでいくための場や機会を提供することが重要である。(国立教育政策研究所)

❸ 集団指導と個別指導

生徒の自己指導能力の育成のためには、教師と生徒の一対一の関係のみならず、生徒同士のかかわり合いが重要である。そのための指導として、個別指導と集団指導がある。個別指導には、一部の生徒を対象にして集団から離れて行う指導(集団での活動に適応できない生徒、発達的指導・援助が必要な生徒に対する場合など)と、集団指導の場面において個に配慮する指導がある。

集団指導は、集団を高めることを通して、集団の中の生徒同士のかかわり合いや「絆」を育て、生徒一人ひとりの成長を促す指導である。教師が特定の生徒に対して一対一の個別指導ばかりをしていると、他の生徒たちは「これは自分たちの問題ではなく、その子の問題であり、教師が対応すべき課題だ」と捉えて、傍観者となる。そうではなく、すべての生徒が互いの特性を理解し合い、助け合って伸びていこうとする集団づくりも必要である。集団指導と個別指導の基盤には、「集団指導を通して個を育成し、個の成長が集団を発展させるという相互作用により、児童生徒の力を最大限に伸ばすことができる」(文部科学省、14頁)という考え方がある。

④ 課題解決的な指導・予防的な指導・成長を促す指導

集団指導と個別指導には、図表Ⅶ―1のように、「児童生徒理解」を基盤として、次の三つの指導がある。

①課題解決的な指導：学級内に問題が生じている場合や、深刻な悩みを抱えた生徒がいる場合に行う指導である。その際、生徒の個人的問題や友人間の人間関係、家庭の問題（児童虐待・家庭内暴力・経済的困難など）、発達障害（自閉症・アスペルガー症候群その他の広汎性発達障害・ＬＤ・ＡＤＨＤなど）といった背景を考慮することが大切となる。

②予防的な指導：深刻な問題に発展することを避けるために、初期段階で課題を解決するための指導である。例えば、ある時期から急に身だしなみに変化が見られる生徒に対して早期に面接などの働きかけをするなどである。

③成長を促す指導：生徒たち自らが「絆」を紡ぎともに伸びていこうとする集団づくりや授業づくりなど、すべての生徒の個性を伸ばし、自身の成長に対する意欲を高めることをねらう指導である。

図表Ⅶ―1：集団指導と個別指導の指導原理
（出典：文部科学省、15頁）

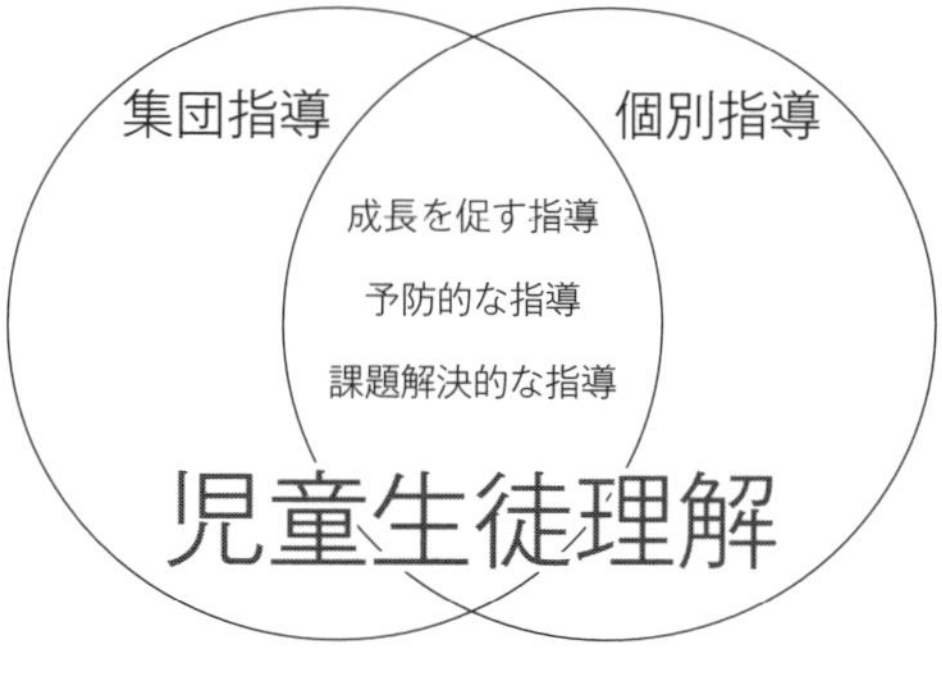

⑤ 生徒指導体制

非行、暴力行為、不登校、ＳＮＳ上のいじめなどの問題、虐待など、生徒指導上の課題はより複雑化・困難化している。生徒たちの問題行動の背景には、家庭、友人関係、学校、地域などの環境の問題が複雑にからみ合っている場合が少なくない。そうした中で学級担任が「自分一人で対応しなければならない」と問題を抱え込んでしまえば、より大きな問題となる危険性がある。学級担任とはいえ、生徒一人ひとりのすべての言動を一人だけで把握することはできない。例えば部活動の場面では、学級にいる時とは違った顔を見せる生徒もいる。教師が、自分一人で把握できる範囲のみに視野を狭めれば、生徒のSOSを見逃したり、生徒指導を行う好機を逃したりすることにもなる。

より複雑化・困難化している生徒指導上の課題に対応していくためには、学校全体での生徒指導体制を築き、組織的な対応をしていくことが不可欠である。校長の指導のもと、生徒指導主事および生徒指導部を中心に生徒指導の方針を定め、年間の生徒指導計画を作成し、教職員間で共有し、一貫性のある指導を行っていく。「生徒指導のことは生徒指導の先生に任せておけばよい」という発想はよくない。各学級—生徒指導部、学年—生徒指導部、学級—学級、学年—学年の間で情報共有を行い、全教職員が生徒指導を担っているという自覚が必要である。

さらに、チームとしての学校の視点から、教職員だけでなく、心理や福祉の専門家であるスクールカウンセラーやスクールソーシャルワーカーなどの専門スタッフや専門諸機関（刑事司法関係、福祉関係、保健・衛生・医療関係など）との連携が重要である。また、学校と家庭・地域とは互いに支え合う関係である。保護者や地域の様々な人々や機関・団体（保育園、幼稚園、小学校、中学校、ＰＴＡ、自治会、青少年育成団体、子育てグループ、ＮＰＯなど）との連携を積極的に働きかけ、関係を深めていく必要がある。

生徒指導に関する法制度についてふれておきたい。

❻ 生徒指導に関する法制度

(1) 懲戒と体罰

学校教育法第十一条に「校長及び教員は、教育上必要があると認めるときは、文部科学大臣の定めるところにより、児童、生徒及び学生に懲戒を加えることができる。ただし、体罰を加えることはできない」とある。

懲戒には、①事実行為としての懲戒（叱責、起立や居残りを命じる、宿題や清掃を課すなど）、②法的効果を伴う懲戒（「退学」と「停学」）がある。ただし、退学は、公立の義務教育段階の学校（併設型中学校を除く）では行うことはできず、停学は、国立・公立・私立を問わず、義務教育段階では行うことはできない。

体罰にあたる行為としては、①身体への侵害（殴る・蹴るなど）、②肉体的苦痛を与えること（正座・直立等特定の姿勢を長時間保持させるなど）がある。体罰は法律により禁止されている。

(2) 出席停止

暴行、授業妨害等を繰り返す生徒に対して、学校として努力を行っても解決しない場合、「出席停止」が適用される。先述した「停学」は、生徒本人への懲戒という観点から、その生徒の教育を受ける権利を一定期間停止するものである。「停学」を命じるのは校長であり、義務教育段階の生徒に対しては行うことはできない。他方、「出席停止」は、学校保健安全法で規定されている感染症による場合と同様に、他の生徒の教育を受ける権利を保障するという観点から設けられている。「出席停止」を命じるのは市町村の教育委員会であり、義務教育段階の生徒に対しても行うことができる。学校は、出席停止となった生徒に対して、教育上必要な学習の支援等を行い、円滑に学校に復帰することができるように指導、援助をしていく必要がある。

(3) いじめの問題に対する施策

「いじめ」とは「児童等に対して、当該児童等が在籍する学校に在籍している等当該児童等と一定の人的関係にある他の児童等が行う心理的又は物理的な影響を与える行為(インターネットを通じて行われるものを含む。)であって、当該行為の対象となった児童等が心身の苦痛を感じているもの」(いじめ防止対策推進法)を指す。学校及び教師は、生徒の保護者、地域住民、児童相談所その他の関係者との連携を図りつつ、学校全体でいじめの防止及び早期発見に取り組むとともに、生徒がいじめを受けていると思われる時は、適切かつ迅速にこれに対処する責務を有する。

二 児童生徒理解

❶ 児童生徒理解の内容

生徒指導にとっての基盤は「児童生徒理解」である。その基本的な内容には、次のものがある。(坂本、一九九九、99―100頁)

①一般的な資料（氏名、生年月日、住所、電話番号等）
②家庭環境（家族構成、家族の生活、親の態度、本人の家庭に対する感じ方等）
③地域の環境（近隣の生活等）
④家庭生活（睡眠状況、家事の手伝い、家庭学習、塾等）
⑤学校生活（教科学習、特別活動、出席状況、学校生活への適応状況等）
⑥生育歴（出産時の状況、乳幼児期の病気、乳幼児期のしつけ等）
⑦性格および行動の特徴（情緒的反応、精神的健康の状況、習癖等）
⑧友人関係（友人関係の推移・現状・特徴、グループとの関係等）
⑨身体の健康（病歴、身体の特徴、精神身体的問題等）
⑩標準化された検査の結果（知能検査、学力検査、性格検査等）

ただし、これらはあくまで児童生徒理解のための基本情報にすぎない。こうした情報を踏まえながら、日頃から生徒一人ひとりの言葉に耳を傾けて気持ちを感じ取ろうとする姿勢で、直接的なかかわりをもつことを大切にしなければならない。そして、様々な角度から多面的に、他の教師の視点も含めて生徒の個性や特徴を把握していくことが大切である。

❷ 生徒を理解するうえでの基本的視点

生徒を理解するうえで最も重要であるのは、生徒をどのように理解するか、その視点やものの見方である。視点やものの見方が違えば、そこから見えてくる生徒の姿が異なる。ともすれば、「この生徒はこうだ」「こうすれば生徒はよくなるはずだ」と思い込みや先入観で生徒を捉えてしまいがちである。そうならないためにも、次の生徒理解の基本的視点は重要である。（近藤、130―136頁）

①子供のことは子供に教えてもらう―存在自体が自己主張：子供がそこに存在しているということそれ自体がすでに自己主張であり、たとえ何も語らずとも、私たちに多様なメッセージを送り続けている。
②聴く耳をもつ：子供の声に静かに耳を傾ける姿勢。
③変化発展のプロセスにおいて把握する：「この子は～だ」というレッテル貼りではなく、今マイナスに満ち

ているように見えようとも、そのマイナスの中にプラスへの可能性を見出していく。

④「問題行動」の背後に発達要求を見る：「問題行動」には必ずそうしてしまうワケがあり、そのワケにどれだけ共感的に肉薄できるか。

⑤自分自身と比較する：「できる・できない」という眼は、子供の把握を歪めていき、他者との比較に一面化していく。ほかならぬその子自身の努力や成長を見る視点は欠かせない。

三　学級経営

❶学級の意義―集団の教育力―

学級は、これまで述べてきた生徒指導においても、学習指導・教科指導においても、重要な実践的基盤である。わが国の学級は、教授＝学習のために編成された基本集団である「学習集団」と、学校生活を送るための「生活集団」という二つの性格をあわせもっている。生徒は、学級を基盤として授業を受け、給食を食べ、行事に参加するなど、学校生活の大半を過ごす。そのため、どのような学級で学校生活を送るかということは、生徒の学力や人間形成に大きな影響を与える。

学級という集団は、一人で学習するだけでは得られない大きな教育力をもっている。集団での活動は、自分とは考えやものの見方が異なる仲間たちとのかかわりを通して、自分一人では見えていなかったことに気づき、自分の考えを深め、互いに磨き合い、自分たちのよりよい学びや生活を創り出していく可能性を秘めている。集団の中では対立や葛藤は避けて通れないが、それも生徒たちの成長にとって大切な契機である。その中で、自分の欲求を抑えつつ、学級の仲間の意見を理解しながら、対立や葛藤を仲間とともに克服し、乗り越えていくことで、生徒たちは学級の一員としての自覚をもち、成長していく。生徒たちが相互にかかわり合うことによってこそ、一人ひとりの学びや成長を深めることができる。

このような学級という集団を、教育的な目的に即して効果的に組織化し運営することが学級経営である。

❷学級経営の内容—学級担任の仕事—

学級担任が行う仕事の内容は下記のように多岐にわたる。（広島県教育委員会、88—92頁）

学級経営目標及び学級目標の設定	学習指導の方針と具体的方策
生活習慣の育成指針	学級集団を高めていく組織と運営
生徒理解のための方針	課題のある生徒への支援
教室環境の充実と整備[注1]	保護者や地域社会との連携・協力
学級事務の諸活動[注2]	学級経営の評価と改善

今日、学級担任の仕事として特に重要視されているのは、保護者との連携である。学級担任として、連絡帳や学級・学年だより、学級懇談や個人懇談、ホームページ等の方法を用いながら、保護者との信頼関係、協力関係を深めていくことをより意識する必要がある。

❸学級集団の質的な発展

ところで、生徒たちにとっては、学級という集団は自らが選び取ったものではない。そのため、ほうっておいて自然に教育的に望ましい「集団」が形成されるわけではない。学級はほうっておけば、個々にバラバラで自己中心的にふるまう群れやセクトの状態に陥ってしまうだろう。学級における「集団」は、「すでに与えられているもの」ではなく、四月から始まる一年間で、授業や行事などの活動を通して新しくつくられるべきものである。

学級担任は、学級を教育的に望ましい「集団」へと質的に発展させるために、場当たり的ではなく、意図的・計画的に学級経営をしていくことが求められる。そこで重要なのは、図表Ⅶ—2のように、四月の学級開きから三月の学級じまいまでの一年間の見通しをもつことである。

学級集団（生徒同士のかかわり合い）の質的な発展は、次の三段階に区別される。（吉本、一九八六、57—59頁）

①「群れ・セクト」的段階：生徒たちが自分中心にふるまい、バラバラで、偶然的にそこにいるだけの段階。

②「管理・統制」的段階：教師の指示や命令により統制・点検されることで集団を形成している段階。与えられた学習規律や生活規律にしたがうだけの段階である。

③「自律（自立）」的段階：与えられた指示・命令で動かされるのではなく、個と個とがかかわり合い、励まし合うことによって学級集団内部に自己指導能力をそなえた段階。生徒たちがお互いに生活や学習の要求を出し合い、自分たちで新しい規律をつくりだす段階である。

これら三つの段階は、生徒が学習や生活の「客体」から「主体」へと転換していく過程を反映している（吉本、二〇〇六、146頁）。学級担任は、「自律（自立）」的段階を目指し、今の学級はどういう段階か、次の段階にいくためには何が必要かを考えながら、生徒同士のかかわり合いを評価し、価値づけをしていくことが大切である。

❹ 学級の組織的な仕組み

図表Ⅶ—2で挙がっている諸活動にも着目してほしい。「朝の会、帰りの会」や「学級内の係活動」などは、あなたが生徒として経験したことだろう。これらは教師の立場に立てば、学級集団を質的に発展させていくための組織的な仕組みとして、重要な意味をもっている。（曽余田、112—114頁）

(1) 学級目標

学級目標は、学級が目指す方向を示すものであり、担任と生徒たちの「こういう学級にしたい」という願いがこめられたものである。形式的に掲げるのではなく、日々の授業や学校行事などの取り組みを学級目標とかかわらせて振り返るなど、学級全体としてその目標を目指して日々の活動を積み上げていくことが大切である。

(2) 朝の会と帰りの会

毎日行われる朝の会と帰りの会は、単なる連絡・伝達の時間ではない。朝の会では、一日の出発にあたり、出欠や健康状態

図表Ⅶ—2：学級活動の展望
（出典：松浦、116頁）

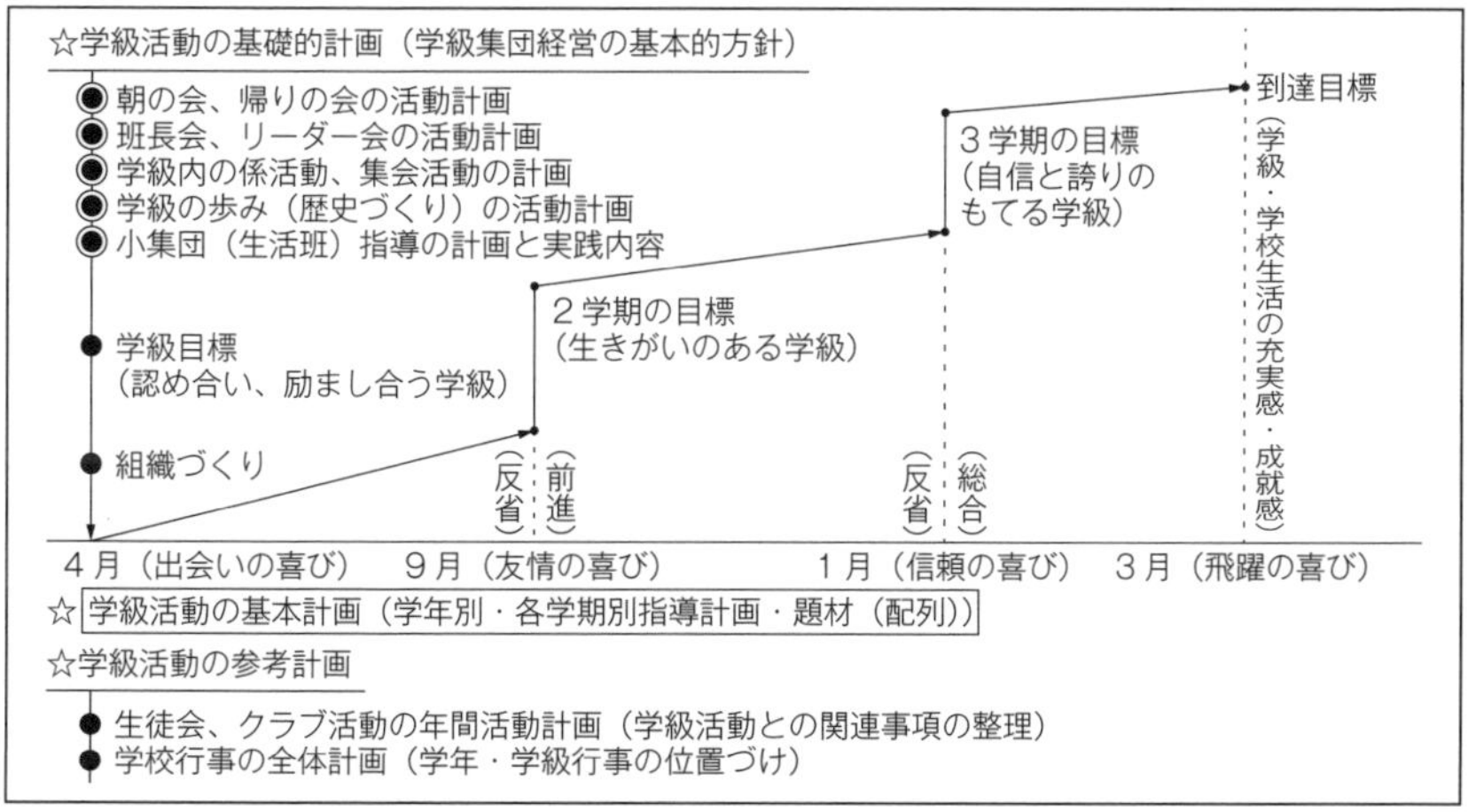

を把握したうえで、今日の予定や目標を確認し合い、意欲的に立ち上がることができるようにする。生徒は目標を意識しながら一日を過ごし、帰りの会では、朝の会で確認し合った目標に即して、一日の学校生活の成果と課題を振り返り、明日の生活を方向づける。

(3) 学級会

学級会は、学級集団の意思を決定し、その実行を保障していく学級の最高機関である。学級目標の達成、学級における諸問題の解決のために、生徒一人ひとりが主体的に参加して民主的に話し合い、決定し、責任をもって取り組む。そして成果と課題を確認し、次の実践への方向づけをする。教師は、話し合いや決議の仕方を指導し、学級集団内部に自己指導能力を育てていくことが大切である。

(4) 当番活動と係活動

学級の中で生徒が豊かな集団生活を営むための仕事には、実務的な性格が強い「当番活動」と文化的・創造的な性格が強い「係活動」がある（吉本、一九八七、280頁）。清掃当番や給食当番などの「当番活動」は仕事の内容がだいたい決まっており、生徒が教室を自己管理し、責任をもって仕事を正確にやりきることを教えることに指導の主眼を置く。他方、図書係、飼育係などの「係活動」は、生徒の創意工夫によってその内容に発展性がある。生徒が係活動の内容を文化的・創造的な質のあるものに高めていくことに指導の主眼を置く。

(5) 班

班は、生徒同士がかかわり合う関係を育てながら一人ひとりの自己指導能力を育てることをねらいとしており、次のような教育的効果がある。全員参加を組織することができる、お互いに「たてまえ」ではなく「ほんね」の発言を出し合うことで班員相互の助け合いが容易となる、など。（吉本、一九八六、295頁）

ただし、個別配慮の必要な生徒の増加といった子供たちの変化のために、これまでの学級経営のやり方がこれからも通用するとは限らない。ゆえに、「学級観」「子供観」「指導観」など、自らの固定観念の振り返り（リフレクション）が常に必要であろう。学級経営がうまくいかない状況をいったんそのまま受けとめることも大切である。また、学級担任が学級王国の主として君臨することは様々な弊害をもたらす。学級経営を使命・責任をもって行うことと、独善的・閉鎖的に行うこととを混同してはならない。同僚・管理職・保護者・地域の人々と日頃からコミュニケーションをとるオープンマインドな姿勢をもつことが大事であろう。

【注】

注1　「教室環境」には、掲示物（学習の計画・経過・成果物や作品等、九九の表・地図等の教材等）の他、生徒の健康・安全・衛生への配慮（机・イスの高さ、採光や照明、美化と整頓、危険物や破損物等）、施設・設備・備品の機能的な配置（机の配置、清掃用具、学習教材等）、生徒による環境づくり（係活動、栽培活動、委員会や生徒会による自主的掲示等）等が含まれる。

注2　学級事務としては、備品の保管管理、指導要録、出席簿、健康診断に関する表簿、通知表の作成等がある。

【参考文献】

国立教育政策研究所（二〇一二）「生徒指導リーフ　Leaf.2『絆づくり』と『居場所づくり』」

近藤郁夫（一九九九）「子ども理解をどのように進めるか」河原尚武・上川路紀久男編『生徒指導の基礎と展開』コレール社、127―141頁
坂本昇一著（一九九九）『生徒指導が機能する教科・体験・総合的学習』文教書院
坂本昇一（二〇〇二）「生徒指導の意義と課題」坂本昇一・比留間一成編著『生徒指導のあり方』開隆堂出版、5―15頁
曽余田浩史（二〇一二）「集団を育む学級経営」金龍哲編『教育と人間と社会』協同出版、104―119頁
広島県教育委員会（二〇一八）『平成30年度　新しく教職員となるみなさんへ』
松浦宏編（一九九三）『学級づくりと子どもをつかむ力量』ぎょうせい
文部科学省（二〇一〇）『生徒指導提要』
吉本均責任編集（一九八七）『現代授業研究大事典』明治図書
吉本均著（一九八六）『授業をつくる教授学キーワード』明治図書
吉本均著、久田敏彦・深澤広明編・解説（二〇〇六）『学習集団の指導技術』明治図書

Ⅷ 教師の仕事（三）校務分掌とマネジメント

一　組織の一員としての教師

①組織として考え動くことの重要性

「教師は一国一城の主である」とか「学級王国」という言葉をしばしば耳にする。教師の仕事には、教科の指導方法、教材の作成や開発、学級経営や生徒指導のやり方など、個々の教師が自らの教育方針や哲学に基づいて行わなければならないことが少なくない。しかし、教師は自分の教室の中だけで独立して仕事をしているわけではなく、学校という組織の中で働いている。

組織とは、特定の目的の達成に向けて「二人以上の人々の意識的に調整された活動や諸力の体系」（C・I・バーナード）である。学校は、教育目的の達成に向けて、人（教職員・保護者・地域住民など）、物（校舎・教科書・教材・教具など）、金（学校予算など）、情報や時間といった諸資源を生かして、教師たちが児童生徒を対象に一定の教育課程によって計画的・継続的に教育を行う組織である。

学校における教育活動は、個々の教師において完結するものではない。カリキュラムの系統性や発達段階の継続性などがあり、学校行事や生徒指導などにおける連携の点でも相互依存的協働である。各々の教師がバラバラに指導し、教育活動が組織的に展開されないならば、たとえ個々の教師の力量が優れていたとしても、十分な教育成果を得ることは難しい。多様な資質能力をもつ個性豊かな人材によって構成される教師集団が、協働することによって、学校という組織全体として充実した教育活動を展開すべきものである。

生徒の成長に対する責任は、学級の担任だけではなく、学校全体・教職員全員で負っている。とりわけ不登校、いじめといった複雑化した教育問題への取り組みは、個々の教師の努力だけで対応できるものではなく、学校全体としての教育力が重要である。

❷ 校務分掌

学校は教育を目的とする組織である。その目的を達成するためには、教師は生徒たちへの教育指導だけでなく、様々な仕事を行わなければならない。その仕事は次の三つに分類できよう。

①生徒に直接的に働きかける「教育指導」：教科指導、生徒指導、学級経営、特別活動、学校行事、進路指導、清掃、登下校の指導、クラブ指導など

②教育指導を支え、より効果的・効率的に推し進めていくための「学校事務」

a　教育活動に直接的に関係する「教務事務」：教育課程の編成、時間割の作成、児童生徒の学籍の管理など

b　教育活動に間接的に関係する「教務外事務」：庶務、文書や会計の管理、ＰＴＡや外部団体との渉外など

③教職員の職務遂行能力の向上を図る「研修」

これら学校でなすべき仕事を総称して「校務」と呼ぶ。教育活動に直接かかわる以外の仕事は教師にとって雑務と思われがちであるが、それらも学校にとっては必要な仕事である。

校務は膨大で多岐にわたるので、学校を有効に機能させるためには、全教職員が分担・協力して遂行しなけ

ればならない。校務を教職員が分担して処理することを「校務分掌」という。校務分掌の法規定は、「小学校においては、調和のとれた学校運営が行われるためにふさわしい校務分掌の仕組みを整えるものとする」（学校教育法施行規則第四十三条）とあり、この規定は中・高等学校にも適用される。「校務分掌の仕組みを整える」の意味は、「学校において全教職員の校務を分担する組織を有機的に編制し、その組織が有効に作用するよう整備することである」（一九七六年一月十三日、文部事務次官通達）と説明されている。各学校では教職員一人ひとりの専門性を生かして、その能力を最大限発揮させるという観点から、校務分掌を行う必要がある。通常、一人の教師は、自分の授業や学級の仕事に加えて、学校全体にかかわる校務分掌の仕事をいくつか担っている。

　教職員が分担する校務の種類と範囲を明確にして組織化したものを、「校務分掌組織」（学校運営組織、学校経営組織と呼ぶところもある）という

図表Ⅷ—1：校務分掌組織図の例（中学校）

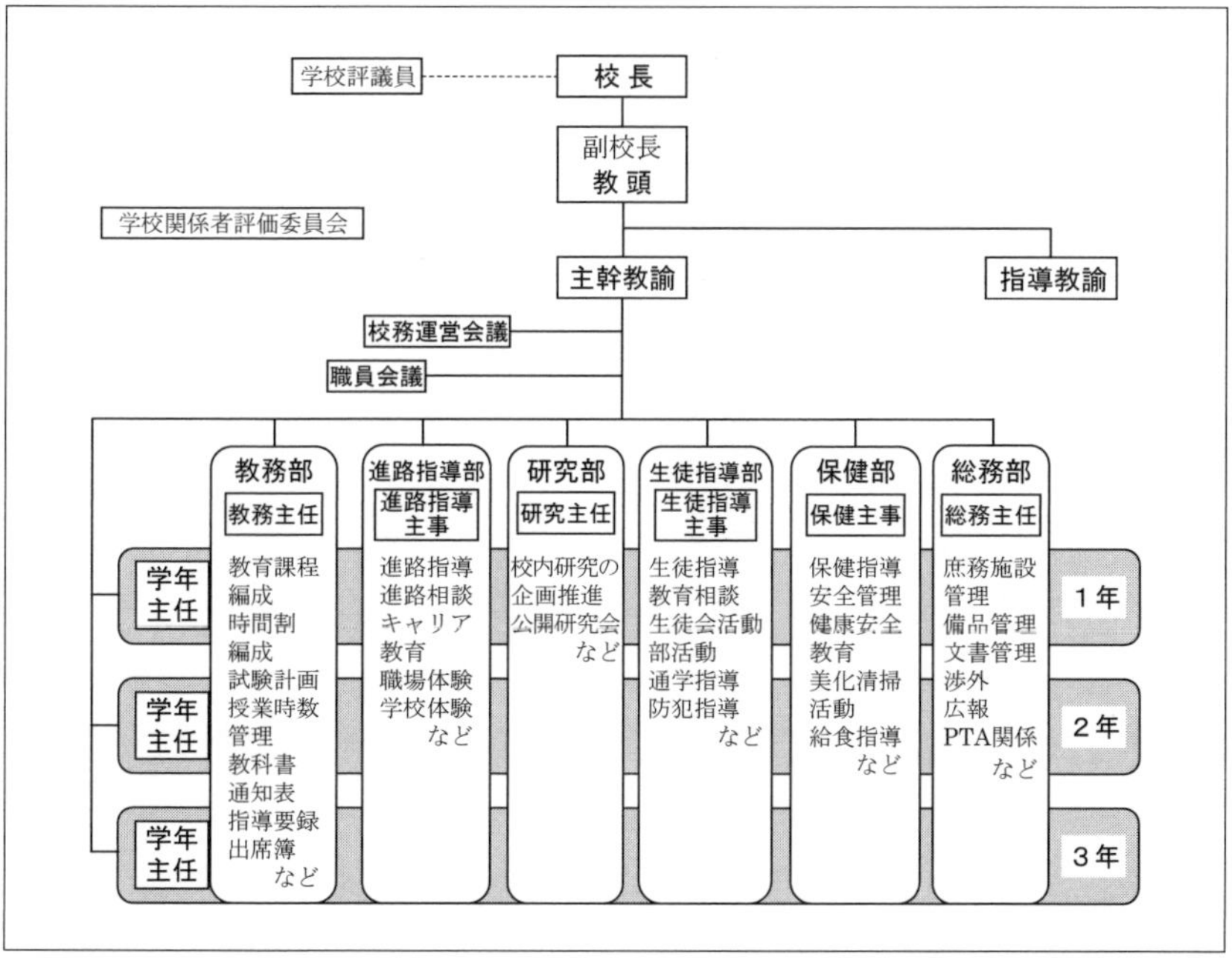

（図表Ⅷ―1）。校務分掌組織は、規模や教職員数などによって各学校で異なるが、一般に、教務部・進路指導部・生徒指導部・保健部・総務部などの下位組織によって構成される。これらの組織を効果的・効率的に運営するために様々な会議がある。具体的には運営委員会、職員会議、企画委員会、学年会、その他各種委員会などである。これらは、学校における意思形成機能を担うが、意思決定の権限は校長にある。なお、校務分掌上重要な領域に関しては、教務主任、生徒指導主事、進路指導主事、学年主任など、各種主任が配置されている。主任は教諭をもって充てる職である。主任の職務は、校長の監督を受けて、分掌された校務について教職員間の連絡調整と関係教職員に対する指導助言にあたることである。

二　学校の教職員組織

❶ 教職員の職種

学校の教職員組織を構成するのは、主に、児童生徒の教育をつかさどる教諭である。しかし、学校には、教諭だけでなく、多様な教職員が配置されている（図表Ⅷ―2）。

学校に置くべき職種については、学校教育法をはじめとする法令によって定められている。その配置は学校種別によって異なっており、必置の職種と任意設置の職種とがある。例えば教頭という職種は、必置の職であるが、小・中学校では、小規模校といった特別の事情がある場合には置かないことができる。

これらのスタッフに加えて、「チームとしての学校」の観点から、教員以外の専門スタッフ（スクールカウンセラーやスクールソーシャルワーカーなどの心理や福祉に関する専門スタッフ、部活動に関する専門スタッ

図表Ⅷ―２：教職員の職種（窪田・小川を参考に作成）

職種	職務規定（根拠規定）	小	中	高
校長	校務をつかさどり、所属職員を監督する。（学校教育法第三十七条④）	◎	◎	◎
副校長	校長を助け、命を受けて校務をつかさどる。 校長に事故があるときはその職務を代理し、校長が欠けたときはその職務を行う。この場合において、副校長が二人以上あるときは、あらかじめ校長が定めた順序で、その職務を代理し、又は行う。（学校教育法第三十七条⑤⑥）	△	△	△
教頭	校長（副校長を置く小学校にあっては、校長及び副校長）を助け、校務を整理し、及び必要に応じ児童の教育をつかさどる。 校長（副校長を置く小学校にあっては、校長及び副校長）に事故があるときは校長の職務を代理し、校長（副校長を置く小学校にあっては、校長及び副校長）が欠けたときは校長の職務を行う。この場合において、教頭が二人以上あるときは、あらかじめ校長が定めた順序で、校長の職務を代理し、又は行う。（学校教育法第三十七条⑦⑧）	○	○	○
主幹教諭	校長（副校長を置く小学校にあっては、校長及び副校長）及び教頭を助け、命を受けて校務の一部を整理し、並びに児童の教育をつかさどる。（学校教育法第三十七条⑨）	△	△	△
指導教諭	児童の教育をつかさどり、並びに教諭その他の職員に対して、教育指導の改善及び充実のために必要な指導及び助言を行う。（学校教育法第三十七条⑩）	△	△	△
教諭	児童の教育をつかさどる。（学校教育法第三十七条⑪）	◎	◎	◎
養護教諭	児童の養護をつかさどる。（学校教育法第三十七条⑫）	○	○	△
栄養教諭	児童の栄養の指導及び管理をつかさどる。（学校教育法第三十七条⑬）	△	△	△
事務職員	事務をつかさどる。（学校教育法第三十七条⑭）	○	○	◎
助教諭	教諭の職務を助ける。（学校教育法第三十七条⑮）	▲	▲	▲
講師	教諭又は助教諭に準ずる職務に従事する。（学校教育法第三十七条⑯）	▲	▲	▲
養護助教諭	養護教諭の職務を助ける。（学校教育法第三十七条⑰）	▲	▲	△
実習助手	実験又は実習について、教諭の職務を助ける。（学校教育法第六十条④）			△
技術職員	技術に従事する。（学校教育法第六十条⑥）			△
学校医	学校における保健管理に関する専門的事項に関し、技術及び指導に従事する。（学校保健安全法第二十三条４）	◎	◎	◎
学校歯科医		◎	◎	◎
学校薬剤師		◎	◎	◎
学校栄養職員	学校給食の栄養に関する専門的事項をつかさどる。（学校給食法第七条）	△	△	
学校用務員、警備員など	学校の環境の整備その他の用務に従事する。（学校教育法施行規則第六十五条）	△	△	△

注１　◎必置のもの　○特別の事情により置かないことができるもの　△置くことができるもの
　　　▲特別の事情により置くことができるもの
注２　副校長を置く時は、教頭を置かないことができる
注３　この表では、幼稚園、中等教育学校、特別支援学校については省略

フなど）の参画が進められている。

また、保護者や地域の人々が学校の教育活動や環境整備に参加するゲストティーチャーや地域ボランティアも広がりを見せている。

❷ 校長の職務

校長は学校の最高責任者であり、学校内におけるすべてのことが校長の責任において行われる。校長は、教育理念やビジョンを示して学校を方向づけ、組織づくりや人材育成を行い、教職員のモチベーションが高まるようリーダーシップを発揮することが求められる。名校長であった斉藤喜博は『学校づくりの記』の中で校長の仕事を合唱団や管弦楽団の指揮者にたとえている。

「私は、校長は合唱団や管弦楽団の指揮者のようなものだと思っている。もちろん、職員のお互い同士も、仲間の個性や仕事や才能を見出し、それを支え合い、育て合っていかなければならないが、校長は、それを専門の仕事として全体を見渡しながら進めていく。それはちょうど合唱で、ひとりひとりの声の質をよく見分けて、その個性を十分発揮させながら、全体に調和するように考えるように、管弦楽でそれぞれの楽器が、その個性を発揮しながら、全体として美しいものになるようなものである」（斎藤、291頁）

校長の職務権限は「校長は、校務をつかさどり、所属職員を監督する」（学校教育法第三十七条④）である。「校務をつかさどる」は校務掌理権と呼ばれており、校長は校務を処理する権限と責任を有している。次いで、「所属職員を監督する」は所属職員監督権と呼ばれる。所属職員には、その学校に配属されている教頭、教諭、助教諭、養護教諭、事務職員、用務員など教職員のすべてが含まれる。監督とは、所属職員が遵守すべき義務に違反したり、その本来の目的を達成するのに不適切だったりしないかどうかを監視し、必要に応じて指示・命令等を行うことである。所属職員監督権は、職務上の監督と身分上の監督とに分けられる。職務上の監督とは教職員の勤務時間中の職務遂行にかかわる監督であり、身分上の監督とは勤務時間内外を問わず地方公務員あるいは教育公務員としての教師のあるべき姿に関する監督である。

③ 教頭の職務

教頭の職務内容は「校長（副校長を置く小学校にあっては、校長及び副校長）を助け、校務を整理し、及び必要に応じ児童の教育をつかさどる」（学校教育法第三十七条⑦）である。「校長を助ける」は「校長補佐権」と呼ばれ、校長がその職務を効果的に遂行できるように補佐することである。

「校務を整理する」は「校務整理権」と呼ばれる。ここでいう「整理」とは、組織内や組織間の意見の食い違いや重複を、目標達成という基準に合わせて取り除き、組織が調和のとれた協働作業を行うようにしていくことである。校長と教職員の間、教職員同士の間に立ってコミュニケーションを図り、校務をどのように遂行するかという計画・立案、実施、評価の各段階の調整などを行い、校務全般をとりまとめる。「必要に応じ児童の教育をつかさどる」とは、教職員編成のうえで特定の教科の担当者が配置できない場合や臨時に穴埋めが必要になった場合、教頭が授業を行うことができるように規定したものである。

さらに、非常時における権限として、「教頭は、校長（副校長を置く小学校にあっては、校長及び副校長）に事故があるときは校長の職務を代理し、校長（副校長を置く小学校にあっては、校長及び副校長）が欠けたときは校長の職務を行う。この場合において、教頭が二人以上あるときは、あらかじめ校長が定めた順序で、校長の職務を代理し、又は行う」（学校教育法第三十七条⑧）と規定されている。

三　学校組織マネジメント

①「学校の自律性」の確立に向けた政策―学校のアカウンタビリティに対する関心―

学校は、公教育を担う教育機関であり、公共的性格をもつ。その性格を維持するために、学校（公立学校）は設置者の管理のもとにある。しかし、法令にしたがいながら教育行政（文部科学省や教育委員会）の指揮監督するところをただ忠実に執行して、学校を運営すればよいというわけではない。各学校は、その学校や地域の実態に即して、自らの意思（主体性）をもって、教育行政によって与えられた人的・物的・組織的条件を基盤としつつ、その条件をいかに生かして教育を行うかが重要である（吉本、一九八四）。学校は、「わが校の教育はこうである」「こんな学校を目指す」と自らの意思をもって教育を行い、「この学校で学んだ児童生徒たちはこういった力を身につけた」という教育成果の責任を負っている。

学校がもつべき自らの意思と責任は、中央教育審議会答申「今後の地方教育行政の在り方について」（一九九八）を契機に、いっそう社会的に求められるようになった。その背景にあるのは、地方分権化と規制緩和という社会の大きな構造改革の流れを受けた「学校の自律性の確立」に向けた政策であり、それに伴う学校のアカウンタビリティ（説明責任）に対する関心の高まりである。この政策について、次の四点が重要である。

①学校と教育委員会の関係について、それまで教育委員会の関与が必要以上に強過ぎて学校の主体的活動を制約していた。また、学校の側にも横並び意識があった。そこで、学校の意思によって特色ある教育活動を展開できるように教育委員会の関与が整理縮小され、教育課程の編成・予算・教職員の配置などに関する学校

の裁量権限の拡大が進められた。
②学校の裁量権限を拡大して教育行政機関による「入口の管理」を緩和するかわりに、「出口（成果）のチェック」に重点が移った。すなわち、納税者である保護者、地域住民や一般の人々に対して「わが校の存在意義はこうである」「この学校で学んだ子供たちはこんな力を身につけた」と各学校がアカウンタビリティを果たすことである。アカウンタビリティとは、「公共性の高い事業や専門性の高い仕事に従事する組織や個人が、一般の人々から委ねられた使命や目的に即して有効かつ適切に事業を遂行して、その成果について承認を受ける責任」を指す（浜田、二〇一二、30頁）。アカウンタビリティを担保する施策として、学校評価がすべての学校に義務化された。注1
③学校の自律性を確立するためには、それに対応した学校経営体制と責任の明確化が必要である。それ以前の学校は、校長・教頭という管理職以外は職位の差のない教諭が大多数を占めて横一線に並んだ「鍋蓋型」組織であった。この組織は、責任の所在が不明確であり意思決定のシステムが十分に機能していない、分掌間や学年間の意思疎通が十分に行われず、横断的・総合的な調整が行いにくく校内の協働体制が確立していない等の問題が指摘されてきた。しかし、学校の権限の拡大や学校をめぐる様々な課題への対応が求められる今日、鍋蓋型組織では対応しきれない。そこで、校長のリーダーシップのもとに組織的・機動的な学校経営が行われるよう、職員会議が補助機関として法的に位置づけられ（学校教育法施行規則第四十八条）、副校長・主幹教諭・指導教諭が設置された。（学校教育法第三十七条②）
④保護者や地域住民等の意向やニーズを反映し、学校のアカウンタビリティを果たすとともに、学校・家庭・地域が共通理解をもち、その連携協力による学校づくりを進めるためには、保護者・地域住民による学校運営への参画・協働の拡大が重要である。そのための施策として、学校評議員制度、学校関係者評価、地域学

校協働本部、コミュニティ・スクールなどが推進されている。保護者・地域住民には、子供たちの教育を専門家である学校の教員や行政だけに任せるのではなく、学校と地域がパートナーとして、「地域の子供たちをこう育てたい」という当事者意識をもって、子供たちの将来のために協働し合うことが期待されている。

❷ マネジメント

(1) マネジメントのモデル

組織マネジメントとは、人・物・金・時間・情報・知識などの諸資源を生かしながら、協働を通して、組織の目的を達成し成果を生み出していく営みである。それは、「何のために」「誰のために」「何を目指して」「いつまでに」「どのように」を考えて、意図的・目的的に仕事をする仕方である。

マネジメントの基本精神は、意図的・目的的に現状をよりよいものに変えることにある。昨日より今日、今日よりも明日へ、昨年度より今年度、今年度よりも来年度へと、子供たちや学校の現状をよりよいものへと変えることである。

マネジメントの反対概念は「成り行き（drift）」である。例えば、仕事をきまりきったものとみなし「例年どおり」という前例踏襲主義、「そうは言っても現実はこうだからしかたがない」という現状維持的な思考、先を見通していない単年度行事遂行主義、外部からの改革や要求に対応するだけの受け身的姿勢などである。

マネジメントの基本精神をもとに、マネジメントをモデル化すると、図表Ⅷ—3のように表すことができる。（曽余田、二〇一五）

「現状」は、児童生徒の姿、その育ちを支える土壌である学校（教職員・家庭・地域）の現在の姿である。「現状」はこれまでの学校づくりの歴史・積み重ねの表れである。一方、「ビジョン」は、「近い将来（数年後）、わが校はどういう姿になっていたいのか？」を描いたものである。自分たちが生み出そうと考えている児童生徒たちの育ちの姿（育てたい子供像）、その土壌である学校や地域の未来の姿である。

学校内外の現状（学校の強みや弱み等）やその課題を把握して、現状からビジョンへとどのように至るかを示すものが「戦略」である。「短期目標」は、現状からビジョンへと至る際に通過する一里塚であり、具体的かつ到達可能なものである。短期目標を達成するための「戦術」として、Plan（方策・手立て）→Do（実行）→Check（評価）→Action（改善）のサイクルを展開する。PDCAサイクルは、現状からビジョンの実現を目指して、成果（児童生徒の育ちと学校の育ち）を生み出し、一歩一歩坂道をのぼっていく取り組みである。例えば、群れ（学校内がバラバラ）、他律（まとまっているが受け身的）から自律（協働的で創造的）の段階を目指して、学校の成熟度を高めていく。戦略なく戦術（短期目標や教育活動の諸方策）ばかりに目を向けていると、自分たちが何のために・どこを目指して諸々の取り組みを行っているのか、方向性のわからない成り行きの学校づくりとなる。

図表Ⅷ―3：マネジメントのモデル
（出典：曽余田、2015を一部変更）

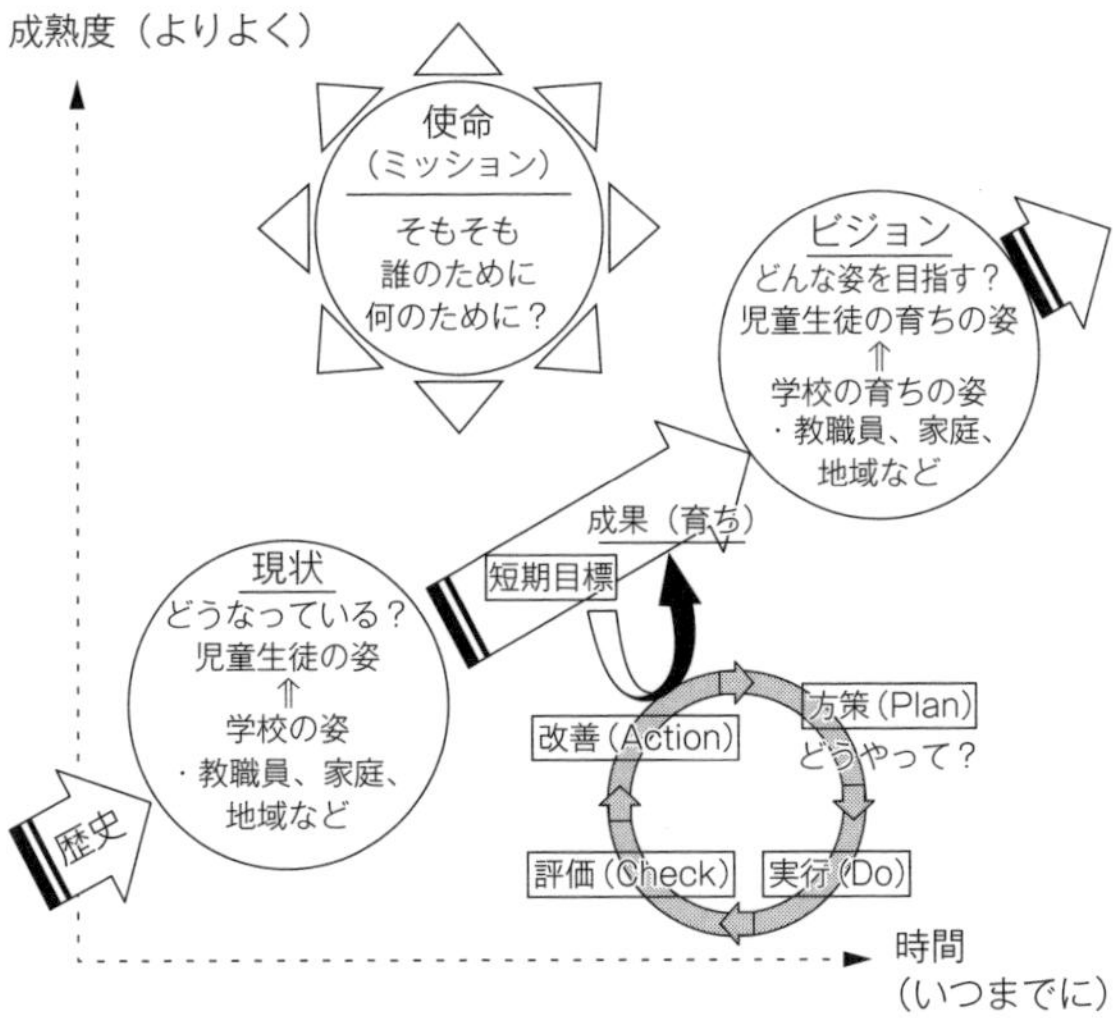

学校内の教職員で、さらに保護者や地域の人々とともに、学校内外の現状と課題を把握し、育てたい子供像や目指す学校像（ビジョン）を熟議し学び合いながら協働して、一歩一歩坂道をのぼっていくことが期待される。

(2) ミッションと成果（アウトカム）

学校の自律性の確立に向けた改革を進めるために、「学校に組織マネジメントの発想を取り入れる」ことを提言した教育改革国民会議「教育を変える17の提案」（二〇〇〇年十二月）は、次のように述べている。

「これからの学校は、子どもの社会的自立の準備の場、一人ひとりの多様な力と才能を引き出し伸ばす場として再生されなければならない。教える側の論理が中心となった閉鎖的、独善的な運営から、教育を受ける側である親や子どもの求める質の高い教育の提供へと転換しなければならない。それぞれの学校が不断に良くなる努力をし、成果が上がっているものが相応に評価されるようにしなければならない」

「組織」は、内側のメンバーの都合や幸せだけを大切にすればよい仲間集団と異なり、外側の人々のために存在する（ドラッカー、一九九一）。企業は顧客の欲求を充たすために存在し、学校は児童生徒・保護者や地域社会の必要性を充たすために存在する。それゆえ、マネジメントの出発点として、「子供たちの人生にとって、わが校の三年間（あるいは六年間）は何のためにあるのか？」「この地域や社会にとって、わが校の存在価値は何か？　何を貢献するのか？」と、学校のミッション（使命）を問う必要がある。

そして、いかなる組織もそのミッションを実現し成果をあげるために存在している。しかし、これまで学校（教師）は「これを教えた、こういう取り組みをこれだけ行った」（＝アウトプット）ということで満足し、「その結果、この学校で学んだ子供たちは力をつけたのか、子供たちや地域社会に貢献したのか」という成果（＝アウトカム）を問わないことが多かった。だが、これでは教える側の自己満足にすぎず、生徒の側は何も学んでいないかもしれない。マネジメントは、学校を社会的に責任あるものにするための営みである。

ただし、学校の成果を評価することは容易ではない。企業の場合、利益という成果を測定する客観的なものさしが存在し、それを使って決算を行う。しかし、学校の場合、何を成果と考えるかということ自体が多様であり、客観的な評価もできにくい。ゆえに、「そもそもこの学校の使命とは何か」「何を達成しようとしているのか、成果とは何か」を学校内の教職員、さらには保護者や地域の人々と考え合うことが重要となる。

③ 目標管理（Management By Objectives）

組織マネジメントの手法の一つとして、目標管理がある。目標管理は、学校の目的を達成するために、組織の目標と個人の目標を関連づけて取り組む手法であり、学校評価と教職員評価（自己申告・業績評価）をリンクさせる手法でもある。そのねらいは、組織の活性化と同時に、教職員一人ひとりが具体的な目標をもちながら仕事をすることによってモチベーションの向上や能力開発を促進することにある。

具体的には、図表Ⅷ―4のように、学校全体、中間組織（学年団や教科団や各分掌組織）、教職員一人ひとりという三層の目標を有機的に関連づけることによって、Plan（計画）→Do（実行）→Check（評価）→Action（改善）のサイクルを一体的に展開していく。

目標管理のポイントとして、①組織目標と個人目標の統合と②自己統制の二点が挙げられる。

図表Ⅷ―4：目標管理の例
（出典：東京都教育委員会）

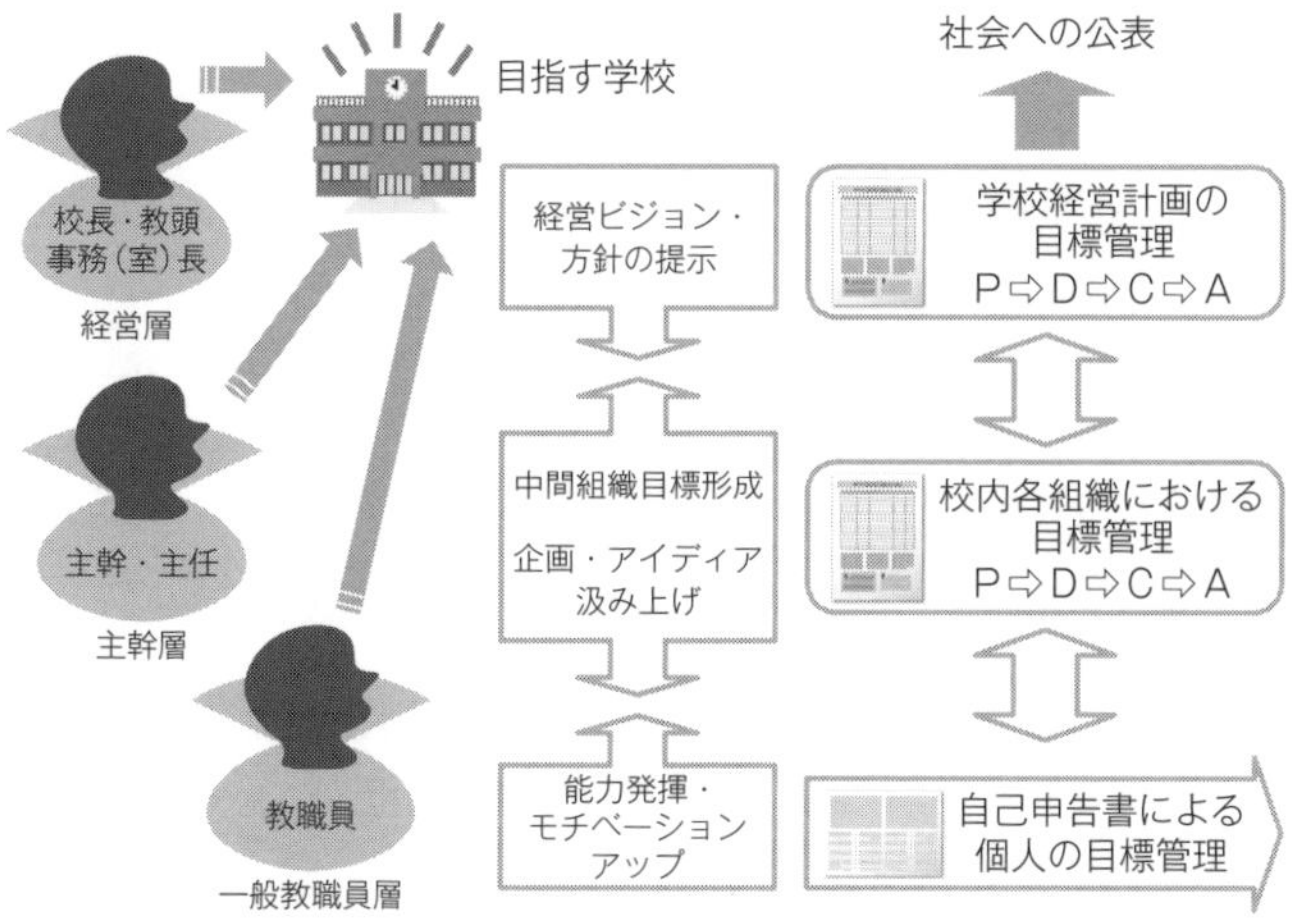

(1) 組織目標と個人目標の統合

組織目標と個人目標の統合の意味を理解するには、目標管理の提唱者である経営学者P・ドラッカーが引用している「三人の石切り工」の話が参考になる。三人の石切り工に「何をしているのか?」と尋ねると、一人目は「暮らしを立てている」、二人目は「最高の石切りの仕事をしている」、三人目は「教会を建てている」と答えた。一人目の石切り工は、教育の世界でいえば、いわゆるサラリーマン教師にあたるかもしれない。二人目の石切り工は職人気質であり、専門職として自分の仕事(例えば教科指導や学級経営)に誇りをもっている。しかし、自らの技能そのものを目的化しており、学校全体の目標との関連性を見失っている。ここで求められているのは、学校全体の目標との関連で自分が何をしているかを理解している三人目の石切り工である。つまり、「こんな人間を育てる」「こんな学校をつくる」という学校全体の目標に対して自分はどう貢献するかを考えて創意工夫をこらした仕事をする教師である。

(2) 自己統制(セルフコントロール)

目標管理は、正式には「目標と自己統制によるマネジメント」という。各教職員は、計画(Plan)の段階で自己申告により自分の目標を設定し、校長等との面談を経て目標を決定する。実行過程(Do)では各自が創意工夫をこらした活動を行い、評価(Check)の段階でもまずは自己評価を行う。つまり、目標管理は、他者統制ではなく、自己統制に基づいて目標を達成する手法である。

人は自らの頭で問題を理解し解決策を考えることに積極的に関与しない限り、当事者意識をもって仕事をすることは難しい。自己統制であるがゆえに、個人のモチベーションの醸成、自己省察を通しての能力開発につなげていくことができる。

ただし、目標管理の運用について注意すべきことは、その手法を形だけ導入して、その前提となる理論に基づかずに運用することである。ここでは、経営学者D・マグレガーのいうX理論とY理論の区別が重要である。X理論は「人間は本来、怠け者である」という人間観に立ち、「人はアメとムチで外からコントロールしないと動かない」と考える。Y理論は「人間は本来、責任、貢献、成果を欲する存在である」という人間観に立ち、「条件や環境が整えば、人は能力や可能性を発揮する」と考える。

目標管理をX理論に基づいて運用した場合、「上からのノルマ管理」に変質してしまう。そうなると、個人のモチベーションは低下することになる。目標管理は、本来Y理論に基づいた手法である。その主眼は、人のやる気や能力や可能性をいかに引き出すかにある。

【注】

注1　学校の継続的な改善とアカウンタビリティを目的として、学校評価の実施と積極的な情報提供が学校教育法で定められている。

「第四十二条　小学校は、文部科学大臣の定めるところにより当該小学校の教育活動その他の学校運営の状況について評価を行い、その結果に基づき学校運営の改善を図るため必要な措置を講ずることにより、その教育水準の向上に努めなければならない。

第四十三条　小学校は、当該小学校に関する保護者及び地域住民その他の関係者の理解を深めるとともに、これらの者との連携及び協力の推進に資するため、当該小学校の教育活動その他の学校運営の状況に関する情報を積極的に提供するものとする」

学校評価の実施手法は、①各学校の教職員が行う「自己評価」、②保護者、地域住民等の学校関係者などにより構成された評価委員会等が、自己評価の結果について評価することを基本として行う「学校関係者評価」、③学校と直接関係を有しない専門家等による「第三者評価」の三つである。（文部科学省「学校評価ガイドライン（平成28年改訂）」平成二十八年三月）

【参考文献】

窪田眞二・小川友次著（二〇一八）『学校の法律がこれ1冊でわかる　教育法規便覧　平成30年版』学陽書房
斉藤喜博著（一九七〇）『斉藤喜博全集第十一巻　小さい歴史　学校づくりの記　島小物語』国土社
曽余田浩史（二〇〇四）「目標管理からみた学校の組織マネジメント」木岡一明編『「学校組織マネジメント」研修』教育開発研究所、88―91頁
曽余田浩史（二〇一五）「これからの学校の在り方」広島大学附属小学校学校教育研究会『学校教育』No.1171、14―21頁
東京都教育委員会・都立学校評価システム確立検討委員会（二〇〇三年十一月）「一次報告～都立学校の自己評価の確立に向けて～」
P．F．ドラッカー著（一九九一）『非営利組織の経営』ダイヤモンド社
浜田博文編著（二〇一二）『学校を変える新しい力』小学館
ダグラス・マグレガー著（一九八二）『企業の人間的側面　統合と自己統制による経営』産業能率大学出版部
吉本二郎著（一九八四）『学校の経営行為と責任』ぎょうせい

Ⅸ 教師文化

一 教師文化とは何か

❶ 教師文化の定義

新任教師が教職経験を積み重ねていくと、「教師らしくなった」と言われる。あるいは、その「教師くささ」から、職業が教師であるとすぐわかる人もいる。

これは新任教師が教師世界に特有の文化である教師文化を獲得したこと、ベテラン教師が長い教職経験から教師文化を完全に内面化したことを意味する。

教師文化とは一言で言うと、「教師集団に特徴的な思考様式・行動様式」である。教師文化は、教職の諸特性に対処しつつ、学校制度の維持・推進者としての社会的役割期待に応えるために教師自らが生み出し、継承してきた思考や行動の特性である。教師文化の内容には、教師として獲得すべき知識や技術、価値、規範、言語など広範なものがあり、「教師社会で共有される解釈の枠組み」ともいえる。

❷ 教師文化の特徴

(1) 真面目さと多忙状況

わが国の教師の真面目さは世界的に有名である。教科指導のみならず、生徒指導や部活動指導など、児童生徒の心と体の成長・発達を支援する様々な活動が教師の事実上の職務範囲となっている。つまり、圧倒的多数の教師は、それを教師としての己の使命と認識し、能動的・主体的に取り組む、真面目で実直な価値観や行動規範を有している。教職の世界には、教育実践における唯一最善の技術や方法が存在しないという「不確実性」と、どこまでが職務範囲なのかが不明確であるという「無境界性」という特徴が存在しており、教師文化の形成に大きな影響を及ぼしている。不確実性と無境界性の中で生きる教師は、教師を志した頃からの真面目さや使命感とあいまって、多忙状況に直面している現実がある。

具体的に、教師はどのような一日を過ごしているのだろうか。図表Ⅸ—1は、筆者のゼミ出身の四名の中学校保健体育教諭からの聞き取りによる平均的な一日（体育大会前の五月）を示したものである。授業が入っていない場合は、特別支援学級の支援、指導・評価の記録作成な

図表Ⅸ—1：
教師の一日　例：中学校保健体育教諭（五月）

時間	内容
7：00	出勤、部活動指導
8：00	登校指導
8：15	朝学習・職員朝会・全校集会等
8：30	ホームルーム（朝の会）
8：40	１校時
9：40	２校時
10：40	３校時
11：40	４校時
12：30	給食
13：10	昼休み
13：30	掃除
13：50	５校時
14：50	６校時（週１回は、校内研修・委員会活動等）
15：40	ホームルーム（帰りの会）
15：50	部活動指導・職員会議・学年会議等
18：00	下校指導
18：10	打ち合わせ（体育大会、生徒指導等）、書類作成、教材研究、授業準備等
21：00	帰宅

どを行う。昼休みは、生徒への指示・対応、宿題・課題のチェックなどがあり、ゆっくり休憩することはできない。放課後は、部活動指導と各種会議が中心となるが、生徒指導上のトラブルや保護者・関係者来訪への急な対応もめずらしくない。きわめて多忙な状況である。四名は、「教材研究、授業準備、生徒とのコミュニケーションにもっと時間を使いたい」とその心情を吐露する。

教員の勤務環境に関して、平成二十六年、ＯＥＣＤ（経済協力開発機構）は第二回国際教員指導環境調査（ＴＡＬＩＳ：Teaching and Learning International Survey）の結果を公表した。そこでは、日本の教師の勤務時間が諸外国と比較して著しく長いという事実が示された。図表Ⅸ—2は、文部科学省による教員勤務実態調査（平成二十八年度）の結果を示したものである。まず、調査項目にあるように、教師の業務は多種多様なものであることがわかる。また、正規勤務時間は、平成十八年度が八時間、平成二十八年度が七時間四十五分であるが、小学校、中学校において、両年度とも約二時間三十分～三時間の超過

図表Ⅸ—2：教員の一日あたりの学内勤務時間（平日、持ち帰り時間を含まない）（時間：分）
（出典：文部科学省「教員勤務実態調査（平成28年度）集計【確定値】」より）

	小学校			中学校		
	28年度	18年度	増減	28年度	18年度	増減
朝の業務	0:35	0:33	+0:02	0:37	0:34	+0:03
授業（主担当）	4:06	3:58	+0:27	3:05	3:11	+0:15
授業（補助）	0:19			0:21		
授業準備	1:17	1:09	+0:08	1:26	1:11	+0:15
学習指導	0:15	0:08	+0:07	0:09	0:05	+0:04
成績処理	0:33	0:33	±0:00	0:38	0:25	+0:13
生徒指導（集団）	1:00	1:17	−0:17	1:02	1:06	−0:04
生徒指導（個別）	0:05	0:04	+0:01	0:18	0:22	−0:04
部活動・クラブ活動	0:07	0:06	+0:01	0:41	0:34	+0:07
児童会・生徒会指導	0:03	0:03	±0:00	0:06	0:06	±0:00
学校行事	0:26	0:29	−0:03	0:27	0:53	−0:26
学年・学級経営	0:23	0:14	+0:09	0:37	0:27	+0:10
学校経営	0:22	0:15	+0:07	0:21	0:18	+0:03
職員会議等	0:20	0:31	−0:07	0:19	0:29	−0:04
個別打ち合わせ	0:04			0:06		
事務（調査回答）	0:01	0:11	+0:06	0:01	0:19	±0:00
事務（学納金）	0:01			0:01		
事務（その他）	0:15			0:17		
校内研修	0:13	0:15	−0:02	0:06	0:04	+0:02
保護者・PTA対応	0:07	0:06	+0:01	0:10	0:10	±0:00
地域対応	0:01	0:00	+0:01	0:01	0:01	±0:00
行政・関係団体対応	0:02	0:00	+0:02	0:01	0:01	±0:00
校務としての研修	0:13	0:13	±0:00	0:12	0:11	+0:01
校外での会議等	0:05	0:05	±0:00	0:07	0:08	−0:01
その他校務	0:09	0:14	−0:05	0:09	0:17	−0:08
合計	11:02	10:24	+0:38	11:18	10:52	+0:26

勤務となっている。年度比較では、平成二十八年度の方がさらに勤務時間が増加している。この実態の背景に、「これだけすませたら終わり」という境界が不明確である仕事の無境界性の中では、終わりなき継続的な情熱や職務志向性及び態度が要求されることが推察される。わが国の教師に求められる役割の多さとともに、「真面目さ」という教師文化があいまって、教師は多忙状況に置かれているのである。

(2)集団的・組織的側面におけるネガティブ特性

不確実性と無境界性の中で良心的に職務を遂行しているわが国の教師文化の特徴とそれを背景とする多忙状況を見てきたが、一方では、教師文化がもつネガティブな特性が揶揄あるいは批判される場合もある。例えば、パーソナリティの側面においては、独善的・融通性の欠如・偽善的・評価を含んだまなざしなどがある。また、集団的・組織的な側面(同僚教師との関係など)においてもネガティブな特性が見られる。ここでは代表的な問題性を二つ挙げてみよう。

まず一つ目は、相互不干渉主義である。これは教師が互いの本音を出し合うこともなく、自分の城=学級に閉じこもり、意見交換や授業観察などが活発に行われないことを指す。相互不干渉主義の背景には、幻想としての専門職像がある。つまり、教師はすでに完成された専門職であり、能力の高さが保障され、高い自律性を有しているとする像である。教師が専門職でありたいと強く願うことが思わぬ弊害をもたらすこともある。例えば、教師間での教育や実践に関する白熱した議論という場面を想定したとしよう。そこでは、自分自身の教育観・実践観などの○○観や実践そのものを告白・主張することが自ずと求められる。しかし、建前としての専門職像と自身が認識する能力や力量との間の相違を強く感じる教師ほど、自身の能力や力量の低さが露になることに対して大きな恐れを抱く。能力や力量が低いというレッテルを同僚から貼られると、例えば、「あの先生には安心して任せておけない」という評価を一度下されると、自律性の維持が困難となる。この状況は教師としてのアイデンティティの危機ともいえる。この危機をポジティブに受けとめ、今の自分の状況を冷静に見つめ直す機会と捉え、その後の成長の糧とする教師もいる。しかし実際には、危機を回避するために、同僚との相互作用を忌避しようとするメンタリティにしたがって行動する教師が多いようである。自分の領域への他者の浸入を防御しようとする教師は、他者の領域への浸入も躊躇することは想像に難くない。このような理由により、相互不干渉主義が成立する。相互不干渉主義が浸透すると、職務遂行上の悩みや問題を相互に相談し合うこともなく閉鎖的になり、教師個々が孤立し、問題や悩みを抱えている同僚教師に対するアドバイスさえも躊躇し、「見て見ぬふり」をきめ込んでしまう。結果的に、教師間の協働意欲が減退し、学校全体の活気が失われる危険性が非常に高まる。

二つ目は、共同歩調主義である。相互不干渉主義が存在する一方で、同僚との過剰なまでの同調行動を見せる傾向である。教師は、集団の中で必要以上に目立たないように、あるいは波風を立てないように、「同僚との調和」「足並みの揃え」に専心する。例えば、職場によっては定時に帰宅しづらい雰囲気がある、学級通信の発行回数においても同僚教師の動向を過剰に気づかうなどがある。教育現場では、「共通理解」「共同歩調」が金科玉条となっている印象があるが、それらが「出る杭は打たれる」というふうに個を抑圧する機能を強くもっている状況は問題と言わざるを得ない。共同歩調主義の浸透は、子供の個性を尊重した教育の重要性が叫ばれている今日、教師自身の個性が発揮されにくいという矛盾や問題状況を生み出すことになるのだ。

以上、集団的・組織的側面における教師文化の問題性を紹介してきたが、日本の教師社会に特有のポジティブな文化が脈々と受け継がれていることも事実である。伝統的に日本の教師は、パーソナリティの側面においては、真面目、几帳面、堅実であり、同僚関係の側面においては、校内の授業研究や自主的研究サークル等における研究交流に多くのエネルギーを費やしてきた。

ゆえに、教師文化は学校改善や教育改革を進めるうえで重要な問題となる。相互不干渉主義と共同歩調主義が優勢な学校では、革新的・挑戦的な試みが生まれにくく、課題や問題を解決するのではなく、隠蔽や悪化を招くという大きな問題を抱える場合が多い。よって、教師文化のネガティブな特性をよりポジティブなものへと変革しなければならない。学級崩壊の場合を考えてみても、その解決及び防止のためには、学級担任個々の努力だけでは対応しきれない状況がある。学級担任は、相互不干渉主義から脱して、同僚教師の協力や支援を積極的に求める姿勢が必要となる。また、これを当然のことと受け入れる教師間の認識が必要となる。つまり、個々の教師の意識変革を組織や集団内の価値や規範すなわち文化のレベルまで高めなければならないのである。

二　同僚性を基底に据えた協働文化の構築

① 協働

教師文化は、学校改善や教育改革を進めるうえで重要な問題である。その改善や改革を考える際のキーワードは「協働（collaboration）」と「同僚性（collegiality）」である。欧米においては、一九八〇年代以降、強固な個人主義という特徴をもった教師文化が教師の孤立化や改善及び改革の停滞を招いているという声が次第に高まり、協働や同僚性が問題解決の鍵となるという主張がされるようになってきた。一方、わが国においては教師間の協働や同僚性は伝統的に存在してきたものの、次第に協働や同僚性が形骸化し衰退してきたことが指摘され始め、協働や同僚性の意義を問い直し、これらを核とした教師文化を構築することの重要性が広く認識されるようになってきた。わが国の教師研究は、独自の成果を蓄積しつつも、理論や実証において注目に値する欧米の研究知見を取り入れてきたという経緯がある。

ここでは、協働を「学校及び教師に課せられた教育課題をより効果的・効率的に達成していくために、教師が同僚教師と協力的・相互依存的にかかわり合うこと」と定義しておきたい。

イギリス出身の教育社会学者ハーグリーブスによれば、教師文化は、同僚教師間の関係性という観点から四つに類型化することができる。教師が各々の学級に閉じこもり、相互に孤立するために相互不干渉主義が支配する「個人主義の文化」、何人かの教師が小グループを形成し、自身のグループを擁護し、他のグループと反目し、学校内に対立・葛藤を生じさせる「分割主義の文化」、家族的なまとまりのある雰囲気が醸成されているものの、決してぬるま湯的なものでなく、教師相互の開放性・信頼性に支えられた相互依存的で改善志向的な協動を志向する「協働文化」、行政的・制度的命令にしたがうために自発的な性格が弱い協働が展開される「企てられた同僚性の文化」である。これら教師文化の四形態の中で、改善や改革を促進させるためには、「協働文化」の構築が強く求められる。つまり、教師間の関係性を協働的関係に変えていこうという発想である。

❷ 同僚性

次いで、同僚性について考えたい。同僚性とは「教育実践の創造と相互の研修を目的とし、相互に実践を批評し高め合う同僚関係」である。同僚性研究の先鞭をつけたリトルは、実験研究により、改善や改革を促進させた学校の教師集団には同僚性の規範―教師相互の成長と改善を志向する頻繁かつ厳しい相互作用を当然視する規範―が見られると指摘した。そして、最も改善に成功したある小学校における教師間の同僚性の特質を、

①授業について日常的に話し合う、②授業設計・教材開発・教育方法開発を共同で行う、③同僚の授業を観察し合う、④新しいアイデアや実践法などについて同僚間で相互に教え合う、とまとめた。

リトルが浮き彫りにした同僚性という概念は、もともとはカトリック教会における司教の共同的な行政参加を意味する語であり、集団・組織成員の強い同僚関係を意味する。同僚性は、相互不干渉的・秘密主義的な関係でもなく、愚痴や趣味を交換し合うなれあい関係でもない。授業実践にかかわる同僚関係が形式的・表面的なものに終始するならば効果は高まらないだろう。そこには実践の意味、方法、評価に関する絶え間ない相互理解や相互批判を通じての相互成長の努力が求められる。子供の学びを保障すると同時に教師間の学び合う関係性の構築が重要となるのである。

徹底した同僚性によって広く知られる小学校が存在する。神奈川県の浜之郷小学校である。わが国における同僚性概念の提唱者である佐藤学氏が参画して、平成十年四月に開校した浜之郷小学校は、公開授業と同僚性に基づく研究協議会が全国的に注目された。何度か放映されたテレビ番組の影響もあり、月一回開催される研究会には毎回全国から多数の教師が参加する。初代校長大瀬敏昭氏（故人）を中心とする教師集団には、「授業力の向上」「学びの共同体づくり」という価値が共有されており、研究協議会の議論においては一切の妥協が許されない。たとえ、授業の進行が比較的スムーズになされていたとしても、「子供の目が輝いていない」「教師の自己満足にすぎない」「授業に対する思いが感じられない」といった同僚からの厳しい発言がなされる。授業者は涙さえ浮かべる。しかし、授業者はこの営みを否定的には捉えない。自らの授業力向上のために、協議会終了後も貪欲に同僚教師に意見を求め、次の授業に生かそうとする。このような営みは、授業以外の様々な学校の取り組みにポジティブな影響を及ぼしていると考えられる。

以上のことから、同僚性を基底に据えた協働文化の構築が改善や改革の成否を担う必要不可欠な条件となること、さらに同僚性や協働の質を批判的に問い直さなければならないことが指摘できる。

③ ソーシャルサポート

協働文化とは教師間の具体的な協働的かかわり合いや取り組みに価値を置く文化であるが、同時に、教師にとって、同僚からの精神的サポートや具体的サポートが重要であることを、ソーシャルサポートという視点から考えてみたい。ソーシャルサポートには「人の健康等に正の影響を及ぼす他者からのサポート」であり、「課題克服を支援する情緒的働きかけ」である情緒的サポートと「課題克服に必要な具体的な情報や資源を提供する働きかけ」である道具的サポートがある。筆者は、教員社会におけるソーシャルサポートの実態を明らかにするために、二〇一二年八月、A県の公立小学校・中学校・高校の教員を対象とする質問紙調査を実施した。

図表Ⅸ―3は、三つのサポート提供者である「管理職」「ミドルリーダー（主幹教諭・主任等）」「同僚教員」からのサポート提供（期待感）の程度を学校段階別に示している。平均値が大きいほど当該提供者からのサポート提供に対する期待が高いことを意味する。全体において、情緒的サポート（8・64）、道具的サポート（8・70）ともに、中位点（7・50）は超えていることから、総じて、情緒的・道具的両面からのソーシャルサポートが期待されていることがわかる。注1

ソーシャルサポートの種類ごとに見ると、情緒的サポートについては、全体平均は、小学校の値が最も高く、高校が最も低い。提供者別に見ると、全体として、最も値の高い提供者は「同僚教員」であり、「ミドルリーダー」が続く。学校段階間比較を行うと、小学校の値が最も高く、高校が最も低い。統計的検定結果を見ると、小学校と中学校が高校よりも有意に値が高くなっている。また、道具的サポートについては、全体平均、提供者別の比較、学校段階間比較とも、情緒的サポートの場合とほぼ同様の結果となっている。

以上のことから、全校種ともソーシャルサポートに対する期待が高い中で、特に、小学校においてサポート提供に対する期待が高い。この理由として、小学校は他の学校段階と比較して、教科専門性がさほど高くないため同僚のサポートを得やすいという状況など、教師同士のつながりや協働的関係が強いという特徴があるのかもしれない。とはいえ、小学校よりは低いものの、個々の教員の独立性が強い中学校・高校においても、サポートに対する期待が高い現状も確認できる。また、サポート提供が期待できる対象者として、三者ともに期待されているが、特に、より身近な存在としての同僚教員が最も期待されている。さらに、この調査では、ソーシャルサポートに対する期待の程度が高いほど、バーンアウト（燃えつき症候群）の傾向が低くなるという、身体・精神的健康との正の相関関係も明らかになっている。

本節では、協働、同僚性という具体的かかわりや関係性の重要性を主題としているが、そのようなタイトな関係性の前提となる同僚との信頼関係や相互サポート関係の重要性をこの調査結果は示唆している。

図表Ⅸ—３：ソーシャルサポートの総量の学校段階間比較

	小学校			中学校			高校			全体		
	回答数	平均値	標準偏差	回答数	平均値	標準偏差	回答数	平均値	標準偏差	回答数	平均値	標準偏差
情緒的サポート												
〈全体〉	316	9.10	1.52	197	8.82	1.55	305	8.06	1.74	818	8.64	1.68
管理職	318	8.76	1.95	201	8.54	1.91	308	7.70	2.16	827	8.31	2.08
ミドルリーダー	317	9.04	1.86	199	8.78	1.82	307	7.60	2.20	823	8.44	2.09
同僚教員	320	9.44	1.59	200	9.14	1.62	308	8.86	1.83	828	9.15	1.71
道具的サポート												
〈全体〉	314	9.13	1.58	195	8.81	1.54	301	8.17	1.67	810	8.70	1.66
管理職	317	8.88	1.97	201	8.64	1.75	306	7.88	2.03	824	8.45	1.99
ミドルリーダー	316	9.10	1.89	200	8.71	1.77	303	7.75	2.20	819	8.50	2.07
同僚教員	318	9.37	1.59	199	9.02	1.64	305	8.89	1.71	822	9.11	1.66

※教科指導、生徒指導・学級経営、職場の人間関係という三領域各々について、サポートが期待できるかを「1　全く期待できない」～「4　とても期待できる」の選択肢により問うた。平均値は、サポート提供者ごとの三領域の平均値の合計である（最低３～最高12）。〈全体〉は各提供者の値の平均である。また、学校段階間比較において、平均値の最も高いものを網かけしてある。

④ 同僚性を基底に据えた協働文化構築の方策

それでは、同僚性を基底に据えた協働文化を構築するためにはどのような方策があるのだろうか。

学校内の教師文化を変革するということは、個々の教師が自身の価値観を問い直すことであり、さらに、個々の価値観がある程度の類似性をもつことにほかならない。自身の価値観を問い直し、同僚教師間で価値観を共有するためには、コミュニケーションの在り方が鍵となる。極端な自己主張や極端な沈黙は相手に不安・怒り・あきらめ・開き直りの感情を抱かせることが多い。同僚教師間のコミュニケーションには暗黙的なルールが存在するので、ルールを踏まえたコミュニケーションを実践しないと価値観の共有化はできない。コミュニケーションの出発は自己主張だと理解すると、一方的に自身の主張を行う攻撃的なものから、自己主張が一切ない防御的なものまでが考えられる。両者はかなり極端な主張方式であることから中間的な方式が望ましい。自分の価値観を大事にすると同時に、相手の価値観も大事にしていることを相手に認識してもらったうえで、次第に議論を深めていくコミュニケーション技術が重要だといえる。そこで、「対人コミュニケーション技術に関する意義の理解と技術修得」を教師の研修課題に位置づけてみることも重要な方策だと思われる。

次に、校長のリーダーシップについて考える。所属職員の監督は校長の職務である。校長は職員の活動をただ管理するのではなく、教師の教育活動に対してアドバイスや指導を適宜行う。さらに、校長のリーダーシップ研究が指摘するように、校長には、勤務学校の教師文化をより良好な文化に変革させる文化変革的リーダーシップの発揮が期待される。校長や教師が自ら執筆した本の実践事例などを読むと、改革や改善を成功させた学校のほとんどで、校長は、教師に共有されている暗黙的な価値観や規範を問い直し、自身の教育理念を伝え、対話を繰り返し、試行錯誤を繰り返しながら、教師の価値観や規範の変革を成し遂げている。つまり文化変革推進者としての役割を果たしているのである。文化変革的な校長は、時には教師間の「つなぎ」役に徹する場合もあるし、時には自身の教育理念のもとに職員を半ば強引に引っぱっていく場合もある。いずれにせよ、教師文化の変革においては校長のリーダーシップの在り方が大きな役割を果たしている。

⑤ チーム学校

最後に、これまで述べてきた同僚性を基底に据えた協働文化にかかわる政策・学校経営上の動向としての「チーム学校」についてふれたい。「チームとしての学校の在り方と今後の改善方策について」(中央教育審議会答申、平成二十七年十二月)では、「教員が学校や子供たちの実態を踏まえ、学習指導や生徒指導等に取り組むことができるよう、指導体制の充実が必要」という問題意識のもと、それを実現し得る校内外の専門家・専門機関による指導・支援・連携・協働体制である「チームとしての学校(チーム学校)」の実現を目指すことが提唱された。チーム学校の実現に向けて、①専門性に基づくチーム体制の構築(教職員の指導体制の充実、教員以外の専門スタッフの参画)、②学校のマネジメント機能の強化(管理職の適材確保、主幹教諭制度の充実、事務体制の強化)、③教職員一人一人が力を発揮できる環境の整備(人材育成の推進、業務環境の改善、教育委員会による学校への支援の充実)といった具体的方策が示されている。

チーム学校は、本章で焦点をあててきた学校内の教師集団の協働文化やその構築方策を、個々の学校の任意の努力事項としてではなくすべての学校が実現すべきとした新しい学校モデルといえる。それは、教師の多忙状況の解消をはじめとする働き方改革であると同時に、複雑化・多様化する教育課題に対して、校内外の人や組織がチームとして対応するというものである。教師文化の特徴に照らすと、学校(教師)は、学校の問題について個々の教師が解決すべきという相互不干渉主義、学校のみで解決すべきという外部に閉じた共同歩調主義が優勢であった。これからは、学校内だけでなく学校外に対して開かれた関係性・方法・仕組みによって課題解決にあたるという、新たなメンバーシップによる協働や同僚性に基づく教師文化の構築が求められる。

【注】

注1　情緒的サポートは例えば「『教科指導』における困難や問題が生じた際、話を聞いてくれ、あたたかく励ましてくれる」、道具的サポートは例えば「『教科指導』における困難や問題が生じた際、解決の手立てを提示してくれる」である。

【参考文献】

今津孝次郎著（二〇一七）『新版　変動社会の教師教育』名古屋大学出版会
浦光博著（一九九二）『支えあう人と人　ソーシャル・サポートの社会心理学』サイエンス社
大瀬敏昭他著、佐藤学監修（二〇〇三）『学校を変える　浜之郷小学校の5年間』小学館
岡東壽隆・福本昌之編著（二〇〇〇）『学校の組織文化とリーダーシップ』多賀出版
加藤崇英編集（二〇一六）『「チーム学校」まるわかりガイドブック』教育開発研究所
佐藤学（一九九四）「教師文化の構造」稲垣忠彦・久富善之編『日本の教師文化』東京大学出版会、21―41頁
Hargreaves, A. (1994), Changing Teachers, Changing Times : Teachers' Work and Culture in the Postmodern Age, OISE Press.
Little,J.W. (1982), Norms of Collegiality and Experimentation:Workplace Conditions of School Success, American Educational Research Journal, 19(3), pp. 331-332.

X 教育公務員としての教師

一　教員の身分

① 全体の奉仕者

教育基本法第九条二項に「前項の教員については、その使命と職責の重要性にかんがみ、その身分は尊重され、待遇の適正が期せられるとともに、養成と研修の充実が図られなければならない」とある。この尊重されるべき「身分」とは何だろうか。本章では、その意味について、公立学校の教員を中心に見てみよう。

公立学校の教員は地方公務員としての身分を有する。公務員の在り方の基本は、日本国憲法第十五条に定められているように「すべて公務員は、全体の奉仕者であって、一部の奉仕者ではない」ということである。全体の奉仕者として公共の利益のために勤務することが求められる。

その中でも教員は、「教育を通じて国民全体に奉仕する」という職務とその責任の特殊性に基づいて、「教育公務員」としての身分が付与されている（教育公務員特例法第一条）。教員の職務は、児童生徒の人格の完成を目指し、国家や社会の形成者を育成することであり、加えて、自発性や創造性が期待される。こうした特殊性ゆえに、教育公務員としての教員は、服務や勤務条件について、一般公務員とは異なった特別な取り扱いを受けている。

② 任命権者と県費負担教職員

ある地位や職に人を就けたり（任用）、外したり（免職）する権限をもつ者を〝任命権者〟という。原則として公立学校の教員の任命権者は、その学校を設置する地方公共団体の教育委員会である（地方教育行政の組織及び運営に関する法律第三十四条）。

ただし、市（指定都市を除く）町村立学校の教員は、〝県費負担教職員〟（図表X―1）であることに留意する必要がある。学校の設置者は、その学校の経費を負担するのが原則（学校教育法第五条）であるため、公立学校の教職員の給与は当該学校を設置する地方公共団体が負担するのが原則である。しかし、市（指定都市を除く）町村立の小・中学校等の教職員の給与については、市町村の財政規模の格差などによって給与水準や教育水準に影響が出ないようにするために、例外的に都道府県が負担することとされている（市町村立学校職員給与負担法第一条）。そのため県費負担教職員の身分は市町村の公務員なので服務監督権は市町村教育委員会にあるが、任命権は給与を負担する都道

図表X―1：県費負担教職員
（出典：文部科学省「県費負担教職員制度について」）

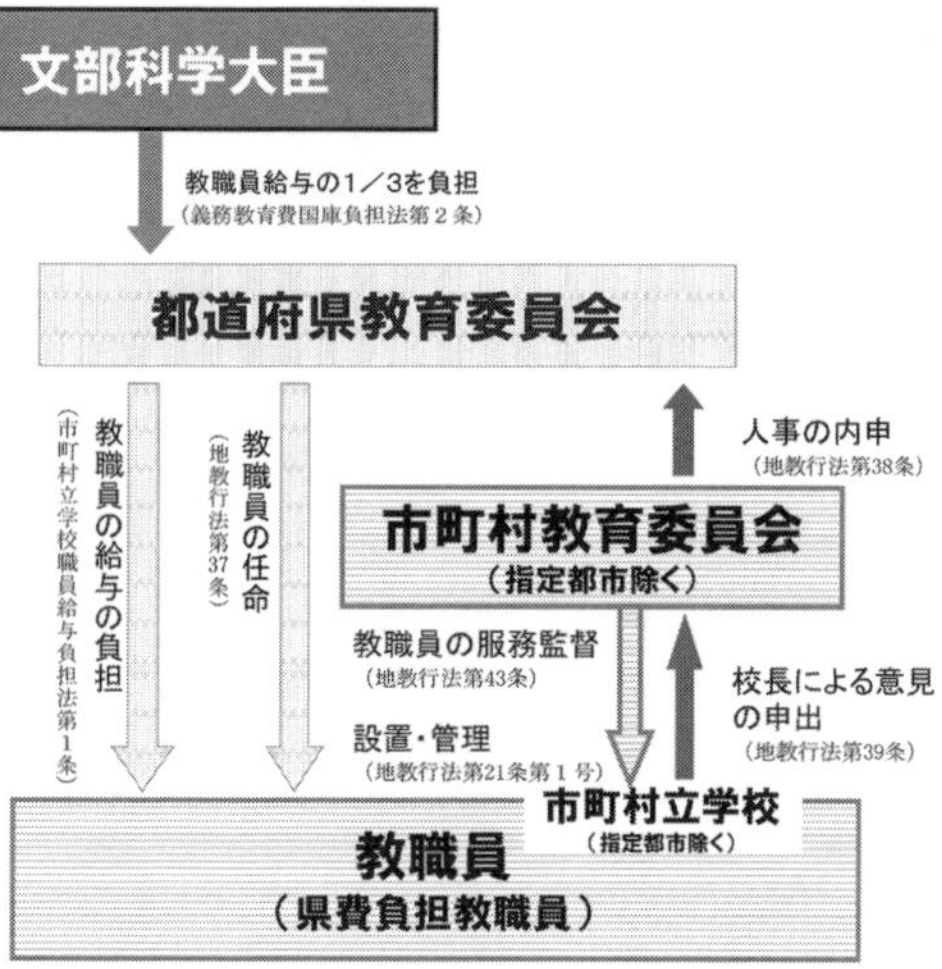

（注）地教行法…地方教育行政の組織及び運営に関する法律
※指定都市は、教職員の任命、給与負担、服務監督及び学校の設置・管理を一元的に行い、教職員給与費の1／3を国が負担。

府県の教育委員会にある。

なお、教員の給与や勤務時間、その他の勤務条件は条例で定められるが、「職員の勤務時間その他職員の給与以外の勤務条件を定めるに当っては、国及び他の地方公共団体の職員との間に権衡を失しないように適当な考慮が払われなければならない」（地方公務員法第二十四条四項）。つまり、どの都道府県・市町村で働いても勤務条件に大きな違いがないよう配慮されている。

任命権者がある地位や職に人を就かせる「任用」には、採用、昇任、降任、転任の四種がある。採用とは、大卒者が新規に教職に就く場合のように、それまで職員でなかった者を新たに職に任命することである。昇任とは、教諭が教頭になったり、教頭が校長になったりする場合のように、現に有する職より上位の職に任命することである。降任とはその逆の場合である。

転任とは、人事異動によって県立A高校教諭から県立B高校教諭へとかわる場合のように、現に任用されている職と上下関係にない職に任命することである。毎年、年度替わりに行われている転任人事（学校間の人事異動）は、諸外国では見られないわが国特有のものである。そのねらいは、①地域間・学校間の格差を是正し教師の配置を適正にすること、②各学校の教師集団のバランス（性別、年齢別、経験年数別、教科専門別等）を是正し適正化すること、③教師が様々な学校・地域を経験することで多面的な職能成長を図ることにあるといわれている。（小川、103―104頁）

二　教育公務員の服務規程

①服務とは

全体の奉仕者である教員は、自己の使命を自覚し、その職責の遂行に努めなければならない。服務とは、その職務に服する教員が守るべき義務ないし規律のことである。

公務員としての教員は、その地位に基づき、職務上あるいは職務外において、規律に服する義務を課せられる。

すなわち、「全体の奉仕者として公共の利益のために勤務し、且つ、職務の遂行に当っては、全力を挙げてこれに専念しなければならない」（地方公務員法第三十条）という規定が服務の根本基準である。

さらに、公立学校の教員には、一般の公務員と同様の服務が要求されるだけでなく、教育公務員としての研修、政治的行為の制限、営利企業への従事等の制限、兼職・兼業、公務出張など特例が設けられている。

服務義務は、職務上の義務と身分上の義務に大別される。職務上の義務は、教職員が職務を遂行するにあたって守るべき義務である。身分上の義務は、職務の内外を問わず、公務員という身分を有することによって守るべき義務であり、休職中、停職中、勤務時間外であろうと遵守する必要がある。（図表X—2）

図表Ⅹ－２：服務の種類と内容

職務上の義務	①服務の宣誓（地方公務員法第三十一条） 服務の宣誓をしなければならない。
	②法令等及び上司の職務上の命令に従う義務（地方公務員法第三十二条） その職務を遂行するに当って、法令、条例、地方公共団体の規則及び地方公共団体の機関の定める規程に従い、且つ、上司の職務上の命令に忠実に従わなければならない。
	③職務に専念する義務（地方公務員法第三十五条） 法律又は条例に特別の定がある場合を除く外、その勤務時間及び職務上の注意力のすべてをその職責遂行のために用い、当該地方公共団体がなすべき責を有する職務にのみ従事しなければならない。
身分上の義務	①信用失墜行為の禁止（地方公務員法第三十三条） 職員は、その職の信用を傷つけ、又は職員の職全体の不名誉となるような行為をしてはならない。
	②秘密を守る義務（地方公務員法第三十四条） 職員は、職務上知り得た秘密を漏らしてはならない。その職を退いた後も、また、同様とする。
	③政治的行為の制限 （国家公務員法第百二条：国家公務員同様の制限 〔教育公務員特例法第十八条←地方公務員法第三十六条〕） 職員は、政党又は政治的目的のために、寄附金その他の利益を求め、若しくは受領し、又は何らの方法を以てするを問わず、これらの行為に関与し、あるいは選挙権の行使を除く外、人事院規則で定める政治的行為をしてはならない。 ○２　職員は、公選による公職の候補者となることができない。 ○３　職員は、政党その他の政治的団体の役員、政治的顧問、その他これらと同様な役割をもつ構成員となることができない。
	④争議行為等の禁止（地方公務員法第三十七条） 職員は、地方公共団体の機関が代表する使用者としての住民に対して同盟罷業、怠業その他の争議行為をし、又は地方公共団体の機関の活動能率を低下させる怠業的行為をしてはならない。又、何人も、このような違法な行為を企て、又はその遂行を共謀し、そそのかし、若しくはあおってはならない。
	⑤営利企業への従事等の制限 （教育公務員特例法第十七条←地方公務員法第三十八条） 教育公務員は、教育に関する他の職を兼ね、又は教育に関する他の事業若しくは事務に従事することが本務の遂行に支障がないと任命権者において認める場合には、給与を受け、又は受けないで、その職を兼ね、又はその事業若しくは事務に従事することができる。

② 職務上の義務

(1)服務の宣誓

任命権者である地方公共団体さらには住民全体に対して、全体の奉仕者として、服務に忠実であることを宣誓する必要がある。任用に際して文書（図表Ｘ－３）に署名し、辞令交付式での代表者による宣誓が通例である。

(2)職務命令に従う義務

上司から部下に対して文書または口頭によって発する職務上の命令が職務命令である。教員は上司からの職務命令に忠実に従わなければならない。教員の場合、上司とは、校長や教頭及び教育委員会である。校長は所属職員を監督する立場におり、教育委員会は教員の服務を監督する立場にある。職務命令は、権限のある職務上の上司から発せられたものであること、その職員の職務に関するものであること、法律上または事実上の不能を命ずるものでないこと、などの要件を満たす必要がある。

(3)職務に専念する義務

勤務時間の範囲内においては職務に関係ないことをしてはいけない。勤務中の休憩時間や児童生徒の長期休暇中における教員の行為については厳密な一線を引くことが困難な場合も想定されるが、職務に関係がない場合には、年次有給休暇をとることが望ましい。

職務専念義務が免除される場合として、労働基準法に準じて、教育委員会条例などで規定された勤務を要し

図表Ｘ―３：服務の宣誓書
（出典：「鳥取市立学校教職員の服務の宣誓に関する条例」）

別記様式（第2条関係）

宣　　　誓　　　書

私はここに、主権が国民に存することを認める日本国憲法を尊重し、かつ、擁護することを固く誓います。

私は教育公務員として教育基本法の本旨を体するとともに、教育の目的を達成する自己の使命と公務を民主的かつ能率的に運営すべき責務を深く自覚し、誠実かつ公正に職務を執行することを固く誓います。

年　　月　　日

氏　　名（署名）

ない日や各種休暇（年次有給休暇、産前・産後休暇、育児休業や介護休暇やその他の特別休暇など）がある。本属長の承認を受けて職場を離れて行う研修（教育公務員特例法第二十二条二項）は多くの場合、職務である。

③ 身分上の義務

(1) 信用失墜行為の禁止

教員は児童生徒や保護者・地域・社会との信頼関係があって、その職務を遂行することができる職業である。したがって、警察官と同様、公務員の中でもとりわけ教員は、その信用を落とすような行為をすることは致命的である。教員の行為に対しては、それだけ社会の目が厳しく注がれているのである。法律上禁止されているはずの体罰や猥褻行為、セクシャルハラスメント、飲酒運転などによる懲戒処分は児童生徒や保護者さらには広く国民の信用を失墜させる行為である。

(2)秘密を守る義務（守秘義務）

職務上知り得た秘密、例えば、児童生徒の学業成績や家庭事情などの個人情報、発表前の入試問題や職員の人事に関することなどを漏らしてはならない。教師による生徒の氏名や成績データの流出やSNS（ソーシャル・ネットワーキング・サービス）での投稿が問題となっており、注意が必要である。

(3)政治的行為の制限

公務員は行政の中立的運営を確保する観点から政治的行為が制限されている。特に教員は児童生徒への影響力が大きいため、国家公務員に準ずる扱いとなり、一般の地方公務員と比べて厳しく制約される。二〇一五年の法改正・選挙制度改正によって、高校生も含めた十八歳以上に選挙権が認められたことで、学校で模擬選挙なども行われるようになったが、中立性の確保により注意が必要である。なお、私立学校の教員も同様に、「教育者」として制限を受けていることにかわりはない。

(4)争議行為等の禁止

日本国憲法には労働基本権（団結権、団体交渉権、団体行動権（争議権））が保障されているが、全体の奉仕者である公務員の場合、公共の利益の侵害を生ずるということから争議行為は認められていない。特に教員の場合、子供の教育を受ける権利を侵害してはならないという観点、心身の発展途上である児童生徒への精神的な影響の大きさに配慮しなくてはならないという教育的視点からも争議行為は禁止されている。ただし、労働条件を安定させるために労働基本権に代わる措置がなされていることも忘れてはならない。

(5)営利企業への従事等の制限

公務員は、本来の勤務の他に営利事業等に従事することは禁止されている。ただし、教育公務員には特例として、本務の遂行に支障がないと任命権者が認める場合には教育に関する兼職・兼業が認められている。例えば、教育に関する講演や原稿執筆などである。これは一般の地方公務員と比べ制限が緩和されている。主な理由は、「①兼務によって、教員としての職務遂行に有意義な経験を積む可能性があること、②長期休業期間中等、本務に支障を来さず兼務に必要な時間を確保できること」(坂田他、二〇一七、110頁)である。

❹ 分限と懲戒

(1)分限と指導が不適切な教員

教員は、全体の奉仕者として専心して職務に従事できるように身分が保障されている。すなわち、地方公務員法第二十七条二項によって、自らの意思による場合を除いて、法令等に定める事由でなければ、その意に反して降任や免職などの不利益な処分を受けることはないと定められている。

しかし、そうした身分保障にも一定の限界がある。教員が職責を果たせない事由がある場合には、任命権者によって本人の意思に反して一方的に不利益な身分上の変動をもたらす処分が課される。この処分を分限処分といい、降任・免職・休職・降給の四種類がある。分限処分は、職員の道義的責任を問題にするものではなく、公務の能率の維持向上を目的として行われるものである。とりわけ教員の場合、資質を一定以上に維持し、児

図表X—4：分限の種類と事由
（出典：小山、115頁）

	種類	処分内容	分限の事由	根拠法規
分限	降任	職制上の地位及び給与上の等級が下がる処分	一　勤務実績がよくない場合 二　心身の故障のため、職務の遂行に支障があり、又これに堪えない場合 三　その職に必要な適格性を欠く場合 四　職制若しくは定数の改廃又は予算の減少により廃職又は過員を生じた場合	地方公務員法第二十八条一項
	免職	職員の意に反してその職を失わせる処分		
	休職	職員を一定期間職務に従事させない処分	一　心身の故障のため、長期の休養を要する場合 二　刑事事件に関し起訴された場合	地方公務員法第二十八条二項
	降給	給与額を下げる処分	分限に関する条例の規定による	条例

童生徒の教育を受ける権利の保障や教育水準の確保という観点が重要である。図表X—4は、処分の内容と分限の事由をまとめたものである。

分限処分に関してとりわけ問題になるのは、指導が不適切な教員である。その具体例として、次の場合が挙げられる。（文部科学省「指導が不適切な教員に対する人事管理システムのガイドライン」二〇〇八年二月）

①教科に関する専門的知識、技術等が不足しているため、学習指導を適切に行うことができない場合（教える内容に誤りが多い、児童生徒等の質問に正確に答え得ることができない等）

②指導方法が不適切であるため、学習指導を適切に行うことができない場合（ほとんど授業内容を板書するだけで、児童生徒等の質問を受けつけない等）

③児童生徒等の心を理解する能力や意欲に欠け、学級経営や生徒指導を適切に行うことができない場合（児童生徒等の意見を全く聞かず、対話もしないなど、児童生徒等とのコミュニケーションをとろうとしない等）

任命権者は、教育委員会規則で定めるところにより、教育学、

図表X―5：懲戒の種類と事由
（出典：小山、115頁）

	種類	処分内容	懲戒の事由
懲戒	戒告	職員の服務義務の責任を確認し、その将来を戒める処分	一　法律に違反した場合（地方公務員法第二十九条一項） 二　職務上の義務に違反し、又は職務を怠った場合（地方公務員法第二十九条二項） 三　全体の奉仕者たるにふさわしくない非行のあった場合（地方公務員法第二十九条三項）
	減給	一定の期間、給与の一定額を減ずる処分	
	停職	職員を一定期間、職務に従事させない処分	
	免職	職員としての地位を失わせる処分	

医学、心理学等の専門家や保護者などの意見を聴いて「指導が不適切である」ことの認定を行う。そして、認定された教員に対しては、その能力・適性等に応じた指導改善研修を行う。また、指導を適切に行うことができない原因が、精神疾患に基づく場合、医療的観点に立った措置や分限処分等によって対応する。研修終了時に、指導の改善の程度に関する認定を行い、適切な指導が行える程度まで改善した場合は現場復帰、なお指導が不適切であると認定された場合は再研修、分限免職や転任などの措置を講ずるものとなっている。（教育公務員特例法第二十五条）

(2) 懲戒

懲戒とは、職員に一定の服務義務違反がある場合に、その道義的責任を追及し、公務員関係の規律と秩序を維持することを目的として任命権者が科する制裁である。懲戒処分として、戒告、減給、停職、免職の四種類がある。図表X―5は、処分の内容と懲戒の事由をまとめたものである。

処分理由の具体例としては、交通事故、体罰、猥褻行為、無断欠勤、公費の執行および手当等の受給の不正、児童生徒の学校事故、飲酒上の事件などが挙げられる。懲戒処分を受けると、特別昇給の対象とならず、普通昇給についても延伸される。さらに、懲戒免職処分を受け、その情状が重いと認められると、教員免許状の取り上げ処分を受けることがある（教育職員免許法第十一条）。また、禁錮以上の刑に処せられた時はその教員免許状は失効する（教育職員免許法第十条一項）と同時に失職する（地方公務員法第十六条二項）。

分限処分も懲戒処分も、一定の事由に該当する場合に、処分を行うかどうか、どの程度の処分を行うかを、公正の原則に反しない範囲で、任命権者がその裁量によって決定することとされている。

(3) リーガルマインド

「法的視点から学校運営・教育実践の日常を分析し、その問題点を発見する能力」（坂田・河内、二〇一二、17頁）をリーガルマインドという。これまで、学校の常識は社会の非常識といわれることがあり、例えば体罰などに関して、学校現場では愛のムチとして平然と認められるところがあった。しかし、法的な視点から考えると、これは犯罪であり、懲戒の対象にもなる行為である。リーガルマインドを養うことで、教員一人ひとりが自らの教育実践を振り返り、専門性を高めていくことが必要である。

また、リーガルマインドを高めていくことは、教員が自らの教育実践の問題点に気づくだけでなく、学校に求められるスクール・コンプライアンス（法令遵守）や、保護者や地域へのアカウンタビリティ（説明責任）を果たしていくことにもつながる。教員は子供たちにこうなってほしいというおもいをもって日々の教育実践を行っているが、行動や判断の拠りどころとなる基準の一つとして、法的な視点を養う必要がある。

三　教職員の人事評価制度

教員の世界は、従来、教員の仕事の特殊性を理由に教員評価（勤務評定）を忌避してきた。その特殊性とは次のようなものである。

・教員の職務には大幅な自主性が委ねられている。

・教員の仕事の成果は短期間では評価しがたいことが多い。

・教員の仕事の成果は家庭や地域等の学校外の要因によっても影響を受ける。

・教員の教育活動に対する評価は、価値観に左右される度合いが強いため、評価者によって大きな違いが出る。

このような状況に対し、内閣総理大臣の私的諮問機関である教育改革国民会議は、「教師の意欲や努力が報われ評価される体制をつくる」ことを提案した（二〇〇〇年十二月）。「努力を積み重ね、顕著な効果を上げている教師には、『特別手当』などの金銭的処遇、準管理職扱いなどの人事上の措置、表彰などによって、努力に報いる」とし、逆に「効果的な授業や学級運営ができないという評価が繰り返しあっても改善されないと判断された教師については、他職種への配置換えを命ずることを可能にする途を拡げ、最終的には免職などの措置を講じる」と述べた。こうした能力や業績を重視する提案は公務員制度改革の動向とも連動している。二〇〇一年に閣議決定された「公務員制度改革大綱」では、能力等級制度の導入などとともに、「能力評価」と「業績評価」からなる新たな評価制度の導入が提言され、優秀な教員に対する表彰制度や特別昇給制、指導力不足教員対策が具体的に進められた。そして、二〇一四年の地方公務員法改正によって人事評価制度が明記され、二〇一六年から導入された。

改正された地方公務員法によると、「能力評価」と「業績評価」が明記された新たな人事評価は、「任用、給与、分限その他の人事管理の基礎とするために、職員がその職務を遂行するに当たり発揮した能力及び挙げた業績を把握した上で行われる勤務成績の評価」（第六条）と定義され、「職員の人事評価は、公正に行われなければならない」（第二十三条一項）という点も明確に示された。また、任命権者が、「人事評価を任用、給与、分限その他の人事管理の基礎として活用する」こと（第二十三条二項）もあわせて規定され、任命権者は「定期的に人事評価を」行い（第二十三条の二第一項）、その結果に応じた「措置を講じなければならない」（第二十三条の三）ことも規定された。

四　教員の勤務条件

①勤務条件

教員の勤務条件とは、給与、勤務時間、休日・休暇など勤務に関する諸条件である。公立学校の教員の場合、一般公務員と同様に、勤務条件の法定主義に基づき、条例に定められている。

教員の職務は、自発性や創造性が期待される職務である。また、学校行事があれば勤務時間は長くなるし、何らかの事件が起きたら時間外であろうと対処せざるを得ないなど、勤務時間の限定が困難である。こうした職務や勤務様態の特殊性ゆえに、その勤務条件は一般の労働者や公務員とは異なっている点がある。

(1)給与

給与は大別すると、正規の勤務時間の勤務に対する報酬である給料（俸給）と諸手当から構成されている。また、教員の職務の特殊性を考慮して、時間外勤務手当と休日勤務手当が支給されないかわりに教員の職務を勤務時間の内外を問わず包括的に評価し、俸給月額の四パーセントが教職調整額として全教職員に一律に支給されている（公立の義務教育諸学校等の教育職員の給与等に関する特別措置法第三条）。さらに、優れた人材を確保し、学校教育の水準を維持・向上させるために一九七四年に制定された「学校教育の水準の維持向上のための義務教育諸学校の人材確保に関する特別措置法」によって、一般の公務員の給与水準と比較して優遇措置が講じられている。

なお、義務教育費国庫負担制度により、教育の機会均等と水準の維持向上を図るために、給与の三分の一を国で負担している。

手当は勤務条件や生活条件等を給与に反映させるために加給されるものである。手当には、生活給的性格のものと職務給的性格のものがある。前者には、扶養手当、住居手当、通勤手当、へき地手当、寒冷地手当などがある。また、後者には、管理職手当、特殊勤務手当、義務教育等教員特別手当などがある。

(2)休日、休暇

休日とは勤務を要しない日であり、原則として土曜日・日曜日が週休日である。加えて、国民の祝日と年末年始が勤務を免除されている。夏休みや冬休みの長期休業期間中は、授業は行わないが勤務日である。

休暇は職員が所属長（校長）の承認を得て、職務に従事することを免除されることであり、一般に、年次有給休暇（通常二十日）、病気休暇、特別休暇などがある。

(3)勤務時間と働き方改革

労働基準法が定める勤務時間の上限は一日につき八時間、一週間につき四十時間である。多くの自治体では一日につき七時間四十五分、一週間につき三十八時間四十五分としている。休憩は、勤務時間が六時間を超える場合には少なくとも四十五分、八時間を超える場合には少なくとも一時間与えられる。休憩は本来いっせいに与えられる性質のものであるが、教員の場合は給食時の指導などの関係もあって、交代制あるいは授業時間の合間にとることになる。

　また、事務職員や一般行政職員が勤務時間を超えて勤務をした場合には割増の時間外勤務手当が支払われるのに対して、教員の場合は時間外勤務手当と休日勤務手当が支給されないかわりに給料月額の四パーセントが教職調整額として上乗せして支給されている。ただし、もちろんこれは時間外勤務を無制約に認めるものではない。臨時にやむを得ない場合、いわゆる超勤四項目（図表Ⅹ―６）に限り、校長は職務命令として時間外勤務を命ずることができる。（公立の義務教育諸学校等の教育職員を正規の勤務時間を超えて勤務させる場合等の基準を定める政令）

図表Ⅹ―６：超勤四項目

超勤四項目
①校外学習その他生徒の実習に関する業務 ②修学旅行その他学校の行事に関する業務 ③職員会議（設置者の定めるところにより学校に置かれるものをいう。）に関する業務 ④非常災害の場合、児童又は生徒の指導に関し緊急の措置を必要とする場合その他やむを得ない場合に必要な業務

⑷ 働き方改革

　日本の教員の労働時間は、ＯＥＣＤ国際教員指導環境調査（ＴＡＬＩＳ）の二〇一三年の調査結果によると、参加した国・地域の中で最長である。また、国内における他業種との比較においても勤務時間が突出して多い。「子供のためにはどんな長時間勤務もよしとする」という考えは、教員の崇高な使命感や高い意欲・能力から生まれるものであり、それらによって学校教育も支えられてきた。しかし、その中で教員が疲弊するのであればそれこそ子供のためにはならない。

　中央教育審議会「新しい時代の教育に向けた持続可能な学校指導・運営体制の構築のための学校における働き方改革に関する総合的な方策について（答申）」（二〇一九年一月）によると、学校における働き方改革の目的は、「教師のこれまでの働き方を見直し、教師が我が国の学校教育の蓄積と向かい合って自らの授業を磨くとともに日々の生活の質や教職人生を豊かにすることで、自らの人間性や創造性を高め、子供たちに対して効果的な教育活動を行うことができるようになること」である。これを原点としながら、学校の組織運営体制の在り方や業務の明確化・適正化、勤務時間制度の改革や環境整備が進められている。

(5)ワークライフバランス

働き方改革によって学校教育の充実を図るとともに、ワークライフバランス（仕事と生活の調和）への機運が高まっている。教師という職業は、職場復帰が容易であることや長期休業中などにまとまった時間をとることができるため、出産・育児や介護のための休暇や休業が取得しやすい。そのため、働いていくうえで比較的恵まれた待遇の職種である。労働基準法は、産前・産後休業（女性のみ産前六週間・産後八週間）や育児休業（原則一歳、最長二歳まで）、介護休業（通算九十三日、三回まで分割可能）などを規定しているが、教員の場合、これらの基準を上回る形で条例が制定されている。さらに、特別休暇などに関しても優遇されている。

❷ 職員団体

職員団体とは「職員がその勤務条件の維持改善を図ることを目的として組織する団体又はその連合体」（地方公務員法第五十二条一項）である。職員団体は給与、勤務時間その他の勤務条件に関し、地方公共団体の当局あるいは校長との交渉を行うことができる。しかし、その職務の公共性から、労働組合とは異なり、争議権や協約締結権が否定されるなど労働基本権が大幅に制限されている。

最大の教職員団体は日本教職員組合（日教組）であり、一九四七年に結成され、過去には文部（科学）省とはげしく対立してきた。しかし近年は、加入率・組織率が低下しており、新たな存在意義が求められている。

【参考文献】

市川須美子・小野田正利・勝野正章・窪田眞二・中嶋哲彦・成嶋隆編集委員（二〇一八）『教育小六法　平成30年版』学陽書房
岡東壽隆・林孝・曽余田浩史編（二〇〇〇）『学校経営重要用語３００の基礎知識』明治図書
小川正人（一九九八）「教師の勤務条件と人事」佐伯胖他編『教師像の再構築』岩波書店、93―115頁
小山悦司（一九九五）「教職員の管理」二宮皓・岡東壽隆・河野和清編『教育の制度と経営』福村出版、107―121頁
坂田仰・河内祥子共著（二〇一二）『改訂版　ケーススタディ教育法規』教育開発研究所
坂田仰・黒川雅子・河内祥子・山田知代共著（二〇一七）『新訂第３版　図解・表解教育法規』教育開発研究所
結城忠編（二〇〇〇）『教育法規重要用語３００の基礎知識』明治図書
渡邊孝三著（一九九五）『続・教育法規の学び方』日本教育新聞社

XI 学習する教師

一 教師の学習の重要性

① 教師はなぜ学習し続ける必要があるのか

教師は、自らの専門的力量の向上に向けて、その教職生涯を通じて学習し続けていくことが求められる。このことは、専門職（プロフェッション）としての教師の必要不可欠な要件である。

一九五六年のリーバーマンの『専門職としての教育（Education as a Profession）』、続く一九六六年のＩＬＯ・ユネスコの「教員の地位に関する勧告」の中で、教師は専門性と自律性（autonomy）を有した専門職とみなされるべきであり、継続的な学習によって自らの専門的知識や技術を維持・向上させることの必要性が強調されてきた。そして近年政策的に、「学び続ける教員像」の確立が目指されている。

教師が学習し続けなければならない理由としては、以下のことが挙げられよう。

第一に、大学の養成教育の段階で形成される専門的力量は、教職生活に必要な最低限のものであり、それのみで教育実践を遂行していくことは困難である。実際、新任教師は、わずかな教育実習の経験しかないままで学校という職場に参入し、生徒指導や校務分掌、保護者への対応など授業以外の多様な事柄に対応しなければならない。そうした中で、新任教師は理想と現実のギャップに苦しむことも少なくない。

第二に、教育の内容や方法は、科学技術の発達、学問・文化の発展、社会的ニーズの変化に伴って変わるものである。アクティブ・ラーニング、カリキュラム・マネジメント、特別支援教育、小学校における外国語教育の早期化・教科化、道徳科、ＩＣＴの活用など、現代の社会変化のはげしさに呼応して、次々と新しい教育課題が生み出されている。まずは教師自身が「学びの精神」をこれまで以上に強くもち、不断に最新の専門的知識や指導技術等を身につけなければ、子供たちの学習を適切に支援することはできない。

第三は、子供たちをめぐって顕在化してきた様々な教育問題である。ＬＤ（学習障害）やＡＤＨＤ（注意欠如・多動性障害）、規範意識や社会性や自尊意識などの課題、いじめ、暴力行為、不登校、子供の貧困、帰国・外国人児童生徒の増加、子供たちの教育環境である地域や家庭の教育力の低下など、これまでの理解の範囲を超えた問題状況が出現している。これらの状況は、問題への対処の仕方のみならず、これまで当たり前であった教師の役割や責任をも揺るがしている。

第四は、教職キャリアに応じて教師の行動の場が拡大し、職務内容も深化・拡大することと関連する。教師の視野や活動範囲は、学級にとどまらず、学年、学校全体、地域社会へと拡大していく。授業や生徒指導といった教育指導の力量形成だけでなく、学年団や学校全体のマネジメント力、リーダーシップ、企画力、同僚教職員の育成力といったチームの一員（組織人）としての力量形成が必要である。

このように職務的、社会的、政策的環境のはげしい変化の中で、専門職としての教師は質の高いサービスを提供していくために、不断の学習によってその専門的力量を高めていかなければならないのである。

❷ 研修の法的位置づけ

教師が絶えず学習することの重要性は、法律においても強調されている。まず、教育基本法第九条は次のように定めている。

第九条　法律に定める学校の教員は、自己の崇高な使命を深く自覚し、絶えず研究と修養に励み、その職責の遂行に努めなければならない。

二　前項の教員については、その使命と職責の重要性にかんがみ、その身分は尊重され、待遇の適正が期せられるとともに、養成と研修の充実が図られなければならない。

さらに、一般の地方公務員と比べてみると、教師（教育公務員）の研修の位置づけは一層明瞭となる。地方公務員の研修については「職員には、その勤務能率の発揮及び増進のために、研修を受ける機会が与えられなければならない」（地方公務員法第三十九条一項）と規定されている。その研修の性格は勤務能率を高めるために役立つという手段的なものであり、研修の実施主体は任命権者である。

これに対して、教師の研修については教育公務員特例法に次のように規定されている。

第二十一条　教育公務員は、その職責を遂行するために、絶えず研究と修養に努めなければならない。

二　教育公務員の任命権者は、教育公務員の研修について、それに要する施設、研修を奨励するための方途その他研修に関する計画を樹立し、その実施に努めなければならない。

第二十二条　教育公務員には、研修を受ける機会が与えられなければならない。

二　教員は、授業に支障のない限り、本属長の承認を受けて、勤務場所を離れて研修を行うことができる。

三　教育公務員は、任命権者の定めるところにより、現職のままで、長期にわたる研修を受けることができる。

この規定によると、研修（研究と修養）は教師の職責遂行に不可欠な要件として位置づけられている。そして、研修の実施主体は、任命権者である教育委員会だけでなく、教師自身でもある。この点が、一般の地方公務員との大きな違いである。自律性を行動原理とする専門職としての教師の場合、外部機関や他者から課せられた研修だけでなく、教職生涯を通じて自律的に学習し続けることが重要である。

二　教師の研修の体系化

❶ 生涯学習の理念に基づく研修体系

教師の研修はどのように体系化されているのだろうか。教師の資質能力は、決して固定的なものではなく、経験を積むことによって変化し、成長が可能なものである。ゆえに、キャリアステージに応じて求められる資質能力を、生涯にわたって適切な研修機会や場によって高めていくことが重要である。

教師の研修は、生涯を通じて誰でも、いつでも、どこでも、学びたいことを学ぶ権利を有するという生涯学習の理念に基づいて、キャリアステージに対応した研修の体系化（いつでも）と研修機会のネットワーク化（どこでも）という二つの軸によって体系化されている。（図表XI—1）

図表Ⅺ―1：教師の研修の体系化（広島県教職員研修体系）
（出典：広島県教育委員会『平成30年度　広島県教育資料』）

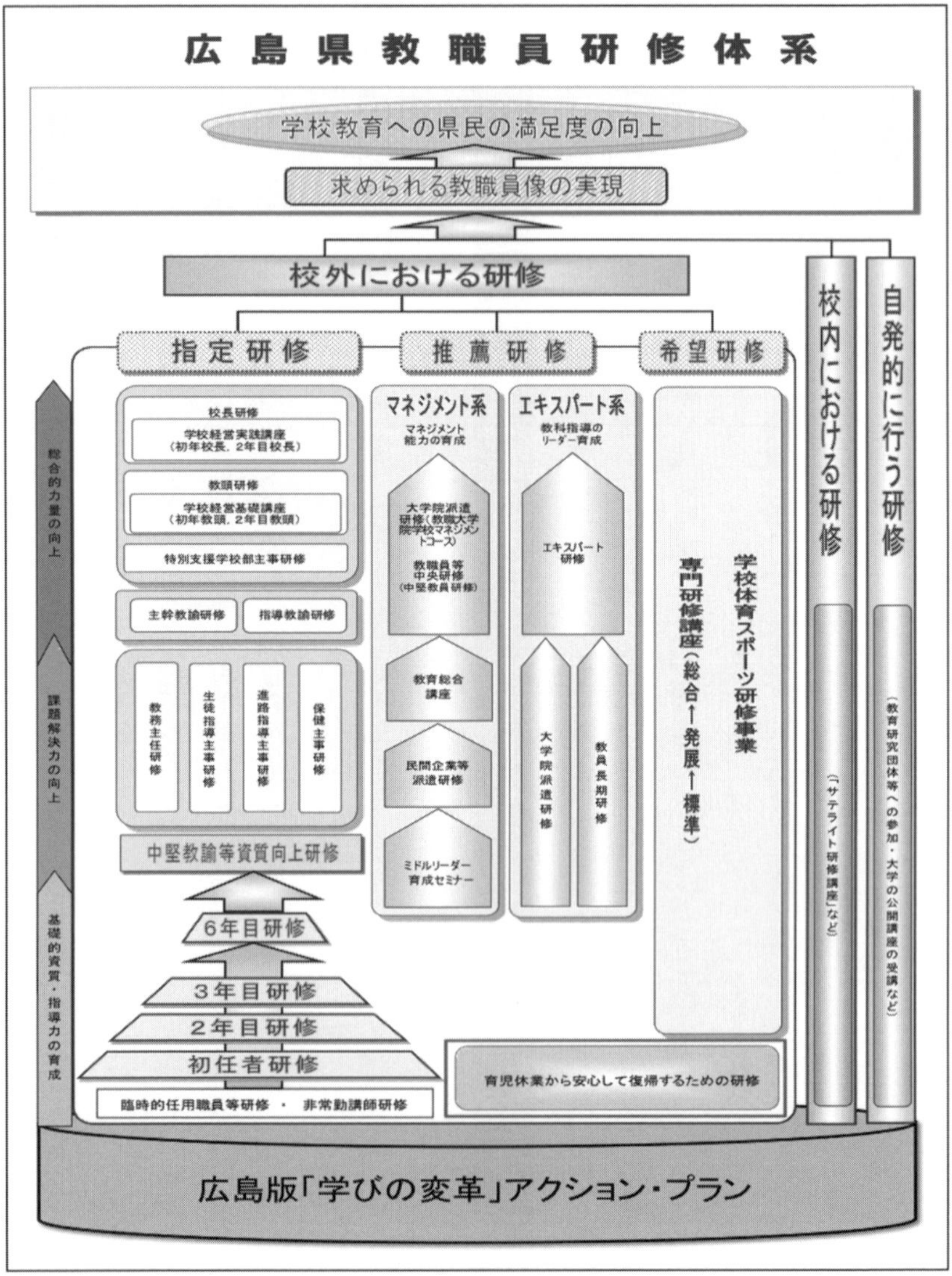

❷ 研修機会のネットワーク化

まず、研修機会のネットワーク化（どこでも）の軸を見てみよう。

教師の研修の機会や場は、⑴校内における研修、すなわちＯＪＴ（On the Job Training）、⑵校外における研修、すなわちＯＦＦ―ＪＴ（Off the Job Training）、⑶自発的に行う研修（Self Development）の三つに大別される。これら三つは、それぞれ独立して存在するのではなく、相互補完的に関連し合っていると捉えることが重要である。

⑴校内における研修（ＯＪＴ）

ＯＪＴは、日常の職務を通して、教師として必要な力量（知識、技術、態度等）を組織的・計画的・継続的に高めていく取り組みである。ＯＪＴは、広義には、挑戦的な仕事をしたり、管理職や先輩のアドバイスをもらったり、同僚たちと職員室などでストーブ談義やまじめな雑談をしたりする等を含んでいる。

ＯＪＴの計画的・集団的な形式として「校内研修」がある。校内研修は、学校全体の教育目標の達成や課題解決と教師個々人の力量を高めることを目的とし、教師集団が組織的・継続的に教育・研究活動に取り組む。内容的には、学習指導に関するもの、生徒指導や進路指導等に関するもの、校務分掌に関するもの等がある。

そのうち、学習指導に関するものが「授業研究」である。まず、その学校の実態に基づいて一～三年を通して追求する研究主題を設定する。そして、教師たちが協働して、指導案の検討→授業実践・参観→授業後の協議会というサイクルを繰り返すことによって、授業改善・研究を進める。わが国の学校で伝統的に行われている授業研究は「レッスン・スタディ（Lesson Study）」と呼ばれて、世界的にも注目されている。

校内研修で力量を高める場合、教職員間の同僚性がきわめて重要である。例えば、以下のような意見がある。「理論だけでなく、授業研究で交流しようとして、研究授業を校内でしっかりやっていた。その反省会では、……遠慮なしに言い合う。……お互いに授業等を自由に見合うことができるように努力していた。こういう校内の雰囲気が個々の教師の力量を高めると思う」「指導力のある先生と教材研究をしたり、研究授業のために一緒に授業内容の研究をしたり、資料を作ったりしたことが、自分の教育に対する新しい見方を学んだことになった」（林、59頁）

(2) 校外における研修（OFF—JT）

校外における研修は、職場を離れて、教育センターや大学院などで行う研修である。その目的は、日常の職務実践では習得できない知識や情報の習得、及び職業人としての視野の拡大である。

①行政機関による研修

教育センターなどでの行政機関による研修は、教職経験年数別研修、教科・領域別研修（生徒指導や教育相談など）、職務別研修（主任等研修など）等がある。

②大学院への派遣研修

任命権者である都道府県等教育委員会が、高い専門性を身につけた指導的役割を担うことのできる優れた教員を育成するために、教職大学院をはじめとする大学院への派遣研修を行っている。一～二年間の長期間にわたる研修であり、派遣期間中も教員としての身分が保障されており、じっくりと研究と修養に努めることができる、またとない機会である。

教職大学院は教員養成に特化した専門職大学院である。「理論と実践の往還」を理念とし、実践的な指導力を備えた新人教員の養成と、現職教員を対象にしたスクールリーダー（中核的中堅教員）の養成が目的である。修了すると、教職修士（専門職）が授与される。

大学院での研修は次のような機会になり得るだろう。

・実践経験によってある程度身についた力量をより発展させる機会
・他者・自己との対話を通して自らの実践を客観的に振り返り、理論や知識と結びつける機会
・自ら考えて問題発見・解決を探究する主体的な姿勢を身につける機会
・学校現場に戻った後に最新の研究成果を教育実践や学校づくりに生かす機会
・様々な価値観や考え方をもつ他校の教職員らと意見や情報を交換し、人的ネットワークを形成する機会

(3) 自発的に行う研修（Self Development）

自発的に行う研修は、自己を高めるために、課題意識をもって様々な研修や研鑽に自ら励むことである。例えば、グループ研修や教育研究団体等での研修、大学の公開講座等の受講などがある。

グループ研修や教育研究団体での研修では、様々な学校から参加した教師同士が各自の抱える問題や悩みを出し合い、多角的に検討をしていく中で、互いに切磋琢磨し、教師としての力量を形成する。

③ キャリアステージに対応した研修の体系化

次に、キャリアステージに対応した研修の体系化（いつでも）の軸を見てみよう。

教師が教職キャリア全体を通じて力量を高め続けるためには、教師がキャリアステージに応じて身につけるべき資質能力を明確にする必要がある。例えば東京都教育委員会は、基礎形成期から校長まで、各ステージに

図表Ⅺ－２：各職に応じて求められる能力や役割
（出典：東京都教育委員会「東京都教員人材育成基本方針【一部改正版】」平成二十七年二月）

職	求められる能力や役割
教諭（基礎形成期）	学習指導、生活指導や学級経営における教員としての基礎的な力を身に付ける。また、教職への使命感、教育公務員としての自覚を身に付ける。
教諭（伸長期）	知識や経験に基づく実践力を高め、初任者等に先輩として助言する。主任教諭の補佐を行い、分掌組織の一員として、積極的に貢献できる力を身に付ける。主任教諭になるために必要な力を身に付ける。
主任教諭（充実期）	校務分掌などにおける学校運営上の重要な役割を担当する。指導監督層である主幹教諭を補佐する。教育指導の専門性を高め、同僚や若手教員への助言・支援などの指導的役割を担う。主幹教諭に向けて必要な力を身に付ける。
主幹教諭（管理職候補を含む。）	管理職を補佐しながら、教員を指導・育成するとともに、教務、生活指導、進路指導等の長として学校運営における中心的な役割を担う。副校長に向けて必要な学校運営ができる力を身に付ける。
指導教諭	高い専門性と優れた指導力を身に付け、都公立学校の教員全体の「授業力」の向上を図る。将来的には経営参画意識も高める。
副校長	学校経営の視点で、組織目標の達成や人的管理ができる力を身に付けるとともに、所属職員の人材育成についての責任をもつ。校長になるために必要な学校経営ができる力を身に付ける。
統括校長・校長	教育者としての高い見識をもち、広い視野で学校経営ができる力を身に付けるとともに、副校長や管理職候補者の人材育成についての責任をもつ。

求められる能力や役割を図表Ⅺ―２のように示している。

なお、任命権者（都道府県等教育委員会）は、教員等の職責・経験・適性に応じて向上を図るべき資質能力に関する指標である「教員育成指標」を策定し（教育公務員特例法第二十二条の三）、その指標を踏まえて、体系的な教員研修計画を策定し、研修を実施することになっている（同上第二十二条の四）。

(1) 初任者研修

教職の最初のステージに位置づくのが初任者研修（教育公務員特例法第二十三条）である。初任者の時期は、大学における養成段階と学校現場における実践とをつなぐ重要な時期である。この時期に教職への自覚を高め、自立した教育活動を展開していく素地をつくることが不可欠である。初任者研修は、実践的指導力と教育者としての使命感を養うとともに幅広い知見を得させることを目的としている。

初任者研修は、校内研修と校外研修から成る。校内研修（週十時間以上、年間三百時間以上）は、指導力のある教師によって教師に必要な素養等に関する指導、初任者の授業を観察しての指導、授業を初任者に見せての指導が行われる。校外研修（年間二十五日以上）では、教育センター等での講義・演習、社会奉仕体験や自然体験にかかわる研修、青少年教育施設等での宿泊研修などが行われる。

(2) 中堅教諭等資質向上研修

中堅教諭等資質向上研修は、ある程度の経験を有した中堅教諭を対象に、学校運営の円滑かつ効果的な実施において中核的な役割を果たすことが期待されるミドルリーダーとしての職務を遂行するうえで必要とされる資質の向上を図るための研修である（教育公務員特例法第二十四条）。この研修は、教師個々人の能力・適性を評価した後に、個別の研修計画書を作成し、それに基づいて研修を実施する。研修は、教育センター等での校外研修と校内研修で構成されている。

❹ キャリア・アンカーの重要性

教職キャリアについて、能力主義を柱とする公務員制度改革を背景に、経験年数に応じて新任教師↓中堅教師↓管理職とステップアップしていく年功序列的なキャリアの考え方から、キャリアを自己選択・自己決定するという考え方へと変わってきている。すなわち、複線型キャリアコースの導入である。これは、教科などのエキスパート系の専門家としての力量をさらに深めていくのか、あるいは学校のマネジメントを担うスクールリーダーとして管理職を目指すのかの選択を主体的かつ自覚的に決定することを奨励する制度である。かつては、優れた教師が任用面でさらなるステップアップをしていくためには、管理職になるしか道がなかった。しかし、管理職に必要な力量は必ずしも教職員に必要な力量と一致するものではなく、人によっては管理職には向いていない場合もある。このため、マネジメント系の管理職を目指す道を選ぶだけでなく、エキスパート系の専門家への道も選択できることを保障する制度である。

さらに、教師が自らの専門性や得意分野をアピールして転任先を募集する「FA（フリー・エージェント）制」、校長の教育理念や学校運営方針等に基づき一定の教員を公募して配置する「公募制」などを導入している教育委員会もある。これらの制度は、教師にとっては自らの強みを発揮できるという利点があり、受け入れ側の校長にとっては目指す学校づくりに必要な人材を確保できるという利点がある。

こうした制度的な背景を踏まえると、これからの教師や教職志望者は、自分がどのような教職人生を歩みたいか、どのような教師でありたいかを自覚的に考える必要があるだろう。その際に重要となるのが、「キャリア・アンカー」という概念である。キャリア・アンカーとは、ある人が自分の納得するキャリアを歩む際に、「指針にも制約にもなる自己イメージ」「自分が自分らしく振る舞える基盤」である。船がどこに行っても波止場で安心して錨＝アンカーを下ろして停泊できるように、長いキャリアの航路にも個人が自分らしくあるための拠りどころとなる錨＝アンカーが必要である（金井、二〇〇三、16頁）。自分のアンカーに自覚的でないと、自分の仕事にやりがいや意味を感じられなかったり、「仕事が上から降ってくる」という受動的な意識になったり、創造的な教育活動を展開できなくなったりするかもしれない。

自分が大切にするべきアンカーを見つけるには、次のような問いを自分自身に投げかけてみるとよいだろう。（金井、二〇〇二、36頁）

①自分は何が得意か

②自分はいったい何をやりたいのか
③どのようなことをやっている自分なら、意味を感じ、社会に役立っていると実感できるのか

三　学習の質を深める

「学習する教師」について考える時、「いつ、どこで学ぶか」ということだけでなく、「どのような学習が教師としての力量形成につながるか」ということにも目を向ける必要がある。

教職に就いた後の学習の基本原理は、「為すことによって学ぶ（learning by doing）」（John Dewey）である。学校現場で日々生徒と向き合ったり、同僚とともにプロジェクトを企画・運営したりするなどの経験を積み、試行錯誤を重ねる中で教師としての力量を高めていく。そこでは、教育学や心理学等の体系立った知識や理論というよりも、経験によって体得した暗黙知（勘やコツ、ノウハウ）こそが教師の専門的力量の主要な基礎である。

「理論や学問は机上の空論であり、教育実践には無用だ」「教師はあらゆる経験を通し、教師になっていくものである。現場での経験が多ければ多いほど、多くの問題に対処できる」という言葉をしばしば耳にする。これらの言葉は、経験を積んでいれば自ずと力量が形成されると想定している。しかし、こうした安易な経験主義には次のような問題がある。

・自らの経験を反省し豊かにする機会に乏しい
・従来どおりのやり方を踏襲する方向に流れやすく、創造的な発想や実践を生み出しにくい
・前例のない状況に対応できない

図表Ⅺ―3：コルブの経験学習サイクルモデル
（出典：Baker、53頁、一部修正）

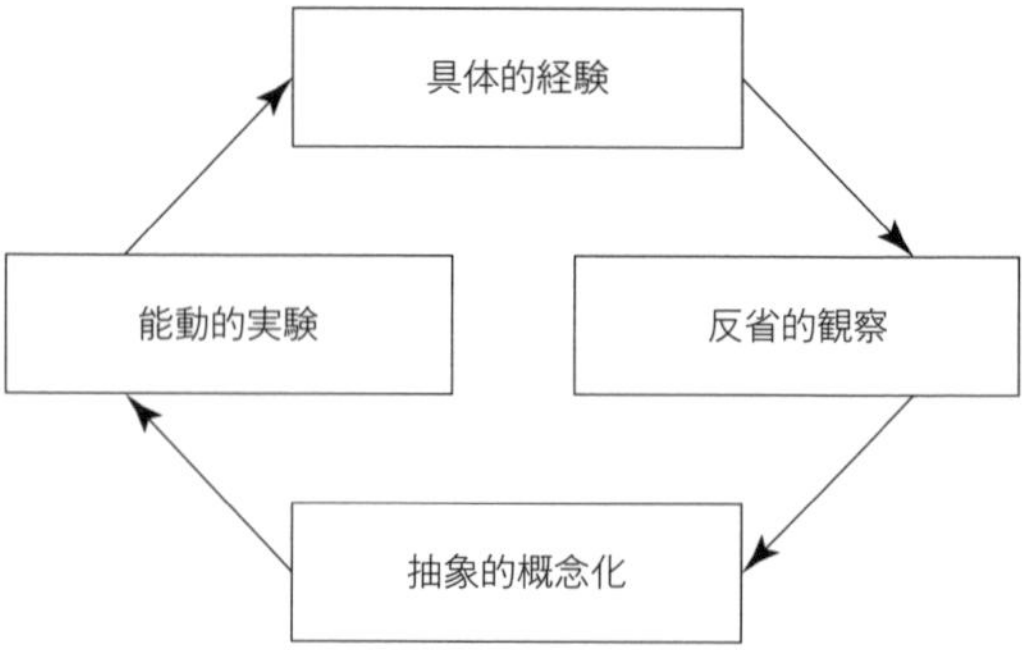

教師として力量を高め、日々創造的な教育実践を行っていくためには、安易な経験主義に陥るのではなく、実践の中でより質の高い学習を展開していく必要がある。この問題を考える際、コルブ（David Kolb）の経験学習サイクルモデル（図表Ⅺ―3）が参考になるだろう。このモデルは仮説生成―検証の一連のサイクルを示している。このサイクルを循環させることで、個別具体的な状況と対話をしながら、自らの暗黙の前提となっているモノの見方や考え方の枠組み（授業観や学校観、生徒観など）を吟味し再構築する反省的思考（リフレクション）を高めることができる。これは「反省的実践家（reflective practitioner）」としての教師の学習モデルでもある。

　では、授業実践にあてはめて、経験学習サイクルの各段階をより詳細に見てみよう。

①具体的経験：授業場面での教師の直接的経験を指す。教室でリアルタイムに生起する事柄に対して、直観的に意思決定を行いながら物事に対処していく。

②反省的観察：「自分は何をしたのか」「教室で、生徒たちに何が起こっていたのか」を問いながら注意深く自分の授業経験を振り返る。授業を見直すレベルは様々である。例えば、(a)「いかにできたか」という指導技術にかかわるもの、(b)「なぜこの方法なのか」という方法にかかわるもの、(c)「何のために、誰のために（自分の）知識が使われているのか」「なぜこの教材か」「なぜこの場でこのような形で授業が成立するのか」という自分自身の授業観や指導観など信念にかかわるものである。（浅田、148―149頁）

③抽象的概念化：②の「反省的観察」によって得た気づきを言語化することで、より意識的に自らの前提の妥当性を吟味・修正する。この段階においては、例えば様々な領域の書物を読んだり、同僚・先輩らと議論・対話を重ねたりすることで、より広い視点から自らの前提を客観視し、言葉にしていくことが大切である。これによって、今までは漠然と生徒側に問題があると思っていたが、実は自分の指導の在り方に問題があったと、より明確に自覚できるかもしれない。

④能動的実験：③の「抽象的概念化」で自らの前提を吟味・修正することを通じて、自分が直面している学級や生徒の状況に、より適した新しい授業観を生み出す。そして、その授業観をもとに、新しく具体的な取り組みを考え実践する。

このように教師は、同僚とともに経験学習のサイクルを絶えず循環させることで、生徒を見る目や教室内の流れや変化を見抜く洞察力を磨いたり、教育内容や方法に対する理解を深めたりすることができるのである。

【参考文献】

浅田匡（一九九八）「自分の授業を見直す　授業日誌法の活用」浅田匡・生田孝至・藤岡完治編著『成長する教師　教師学への誘い』金子書房、147—160頁
浅野良一編（二〇〇九）『学校におけるＯＪＴの効果的な進め方』教育開発研究所
小島弘道編著（二〇〇四）『校長の資格・養成と大学院の役割』東信堂
金井壽宏編著（二〇〇三）『会社と個人を元気にするキャリア・カウンセリング』日本経済新聞社
金井壽宏著（二〇〇二）『働くひとのためのキャリア・デザイン』ＰＨＰ研究所
岸本幸次郎・久高喜行編著（一九八六）『教師の力量形成』ぎょうせい

教育職員養成審議会（一九九九）「養成と採用・研修との連携の円滑化について（第三次答申）」

浜田博文（二〇〇五）「教員採用のＦＡ制」江川玟成・高橋勝・葉養正明・望月重信編著『最新教育キーワード１３７』時事通信出版局、194―195頁

林孝（一九九四）「教師の力量形成と学校の組織風土・組織文化」平成7年度科学研究費補助金（一般研究Ｃ）研究成果報告書

文部科学省『魅力ある教員を求めて』http://www.mext.go.jp/a_menu/shotou/miryoku/03072301.htm

Baker,A.C., Jensen,P.J., & Kolb,D.A.（2002）Conversational Learning : An Experiential Approach to Knowledge Creation, Quorum Books.

古典に学ぶ

一　現代に生きる先哲の思想

①教師の仕事

教育は人間形成の作用であり、この敬虔な仕事の中核に教師が位置づく。教師の善し悪しが教育の成果を決定するとすれば、教師としていかに成長するかはきわめて重要な課題である。よい教師とはどのような教師をいうのであろうか。

ペスタロッチは『シュタンツ便り』において「いやしくもよい人間教育は、居間にいる母の眼が毎日毎時、その子の精神状態のあらゆる変化を確実に彼の眼と口と額とに読むことを要求する。よい人間教育は、教育者の力が、純粋でしかも家庭生活全体によって一般的に活気を与えられた父の力であることを根本的に要求する」といい、母の愛、父の力にも似た教師の人間性が、教育を支えるものであることを説いている。また、彼は「わたしは、彼ら（子ども）とともに泣き、彼らとともに笑った。彼らは世界も忘れ、シュタンツも忘れて、わたしとともにおり、わたしも彼らとともにおった。彼らの食べものはわたしの食べものであり、彼らの飲みものはわたしの飲みものだった。わたしは何ものももたなかった。……ただ彼らだけをもっていた。彼らが達者なときもわたしは彼らのなかにいたが、彼らが病気のときもわたしは彼らのそばにいた」といい、教師と子供との人間的な結びつきの必要性を説く。

教師の重要な仕事は、知識・技術（文化的遺産）の伝達にあるといわれる。しかし、この伝達行為は、物事の授受のような単なる外面的な伝達でなく、知識・技術の伝達を図りつつも、人間の心性を陶冶する敬虔な目的を有している。しかもそれは、教師が児童生徒との人格的接触を通じて、知識・技術を伝達するとともに、児童生徒の全人格を陶冶しているのである。ペスタロッチの言葉はまさに子供の全人格に影響を与えるべき教師の人間性を説いたものである。教師は、知識・技術を伝達する、すなわち、自己の専門とする教科に関する学問的実力（ability）と教授方法（skill or technique）をもち合わせることはもちろん、まず人間形成者としての必須の資質（personality）を豊かにもった者でなければならない。教師の人格性こそが、教師に要請される根本的なものである。真実あふれる人間味と人間に対する純粋な愛（教育愛）をもって教育する者が、教師なのである。

教師には、このように人間形成者としての人格性を基底として、教授展開の力量、生徒指導や生徒把握の力量、そして経営的な力量が必要とされる。こうした力量はそれぞれ別個に存在するものではない。教育科学に照らして言及すれば、根底に人格性と結びついた教育思想や教育哲学があり、そこから教育目的が措定され、それを達成するものとして教育内容が一定の社会的合意をもって決定され、それを伝達する最も効果的、効率的にして人格的な手段が教育方法となる。さらに、児童生徒の発達段階や行動特性、意識構造なども教育活動を大きく規定する。また、社会や国家の要請も教師の行動を規定する。教師の力量は、狭い教科教育学に偏することなく、教育思想や哲学から教育心理学、教育社会学、教育経営学、教育行政学へとその形成基盤を求めるのである。

教師として育ち、成長していくためには、自らの人格性の陶冶と豊かな教養を身につけ、教科専門科目と教職専門科目を総合して履修する養成教育（pre-service education）を経て、さらにそれらを深化・拡大する現職教育（in-service education）を行わなければならない。不断に学ぶ教師の姿勢こそ、専門職としての教職を支えるものであるし、子供たちの師としての存在を示すものなのである。このように、教師教育は両段階を連続したものとして捉え、換言すれば、教職生涯を通じての教育として捉える中で、教師教育の在り方を模索しなければならない。

❷ 教師への道

「教員の地位に関する勧告」は次のようにいう。「教職は、専門職と認められるものとする。教職は、きびしい不断の研究より得られ、かつ、維持される専門的な知識及び技能を教員に要求する公共の役務の一形態であり、また、教員が受け持つ生徒の教育及び福祉について各個人の及び共同の責任感を要求するものである」と。

教職はこのような職業ゆえに「道」がある。小原國芳氏はその著書『師道』の中で、「自己を磨き、子たちとともに進む教師。日々に新しい生命に燃ゆる教師。全身からほとばしる熱と光ある教師」を求める。「師道とは、永遠の道を、スピノザの教えた『永劫の相に於いて』追い求めること、確乎不動の心を以って理性の示すところに従うこと」であるとし、「師は片々たる知識や小手先の技術ではなく、その全人格的『志』を以って弟子を感化するものでなければなりませぬ」と指摘する。

また皇至道氏は「師也者、教之以事、而喩諸徳者也」（礼記：文王世子）に関連して「東洋の師は、……道徳教育を使命とする伝統をもち、……師の本質は、学問および芸能の伝達を通して、道を体得させることにある」と述べる。また「己が為にするは君子の学なり、人の為にするは小人の学なり、而して己が為にするの学は人の師となるを好むに非ずして自ら人の師となるべし」（吉田松陰『講孟余話』）を引用し、日本の師の「道徳的、消極的な性格に基づいて、『学ぶ』ことと『教える』こととを統一的に考える」伝統があると指摘される。ここに教師自ら人格性と技術性を統合し、子たちに「徳」を教える教師像が描かれる。

実践者の場合はどうであろうか。斎藤喜博氏の言説を見てみよう。教師の仕事は、「一人ひとりの子どもの成長を助ける仕事だ。それぞれの子どもの持っている無限の可能性を引き出し、かたちにして、そのことによって、子どもの成長を助けていくという、こういう仕事」なんだという。その仕事には一般的な方法というものはない。子供の事実をもとにして、それがよりよくなるように考え、工夫していく仕事、子供と教師とが、相互にかかわり合っていく仕事である。

氏は、教師が「教師」になる「基礎訓練」の方法を七点にわたって指摘する。一つは、自らの実践に学ぶこと、二つは、他人の経験を、繰り返して体験してみること、三つは、自分の実践から学び、他の模写をするだけでなく先人に直接手をとって教えてもらうこと、四つは、難物だといわれる子供から学ぶこと、五つは、教師が学習しなければだめだということ、六つは、教師と子供が「ともに学ぶ」ということ、七つは、事実につき、事実をつくり出す仕事をすること、である。

教師教育学は、西洋の影響を受け、ペスタロッチやフレーベルらの言説に教師の範を求め、ヘルバルト以来、教育の技術を発展させた。それは東洋の「悟り」に見られる人格性と技術性の一体化した「暗黙知」ではなく、明示的で形式的な知識体系として進化してきた。教師は、養成段階でこのような教育に接するが、実際の仕事においては東洋的なもの、日本的なものを無意識的に継承する。しかし、教師が「教師」になるには、教師自らが意図的、目的的に東洋的な師道と西洋的な教師教育学とを統一する必要がある。

二　古典に学ぶ

西洋教育史において学ぶ先哲の言説は、教育実践とは関係ないものと理解する者が多い。大学の教官の中には研究対象としての先哲の言説に没入し、教職専門科目に位置づく授業においても、現実の学校の実践や学生の教育実習といっさい切り結ぶことのない授業をして当たり前と思っている大学教員がいる。かつて兵庫教育大学におられた渡辺孝三氏は、日本教育行政学会において、当該大学大学院で「十八・十九世紀教育学」を現場の教員を対象に講義する教官を批判し、学校現場と関係する講義内容に改変するよう叱責した。「研究」大学院においては許される講義であろうが、教員の資質能力の向上を図る大学院における講義はそれなりの創意工夫が求められる。

① ルソー（スイス、一七一二～一七七八）

教育における「自然主義」を主張し、あるべき教育の在り方を論じた小説風の教育書『エミール』はぜひ学習したい。「万物は造物主の手を出るときはすべてのものは善であるが、人間の手に移るとすべてが悪になる」という冒頭の一節は特に有名である。この言説に象徴されるようにルソーは、教育の最大の秘訣は「教えないこと」であるという「消極的教育」論を唱えた。

また、子供の自然な生活に即した教育という「漸進教育」を基底に据えて、子供の自己活動の原理や連続的発達の原理を説く。

このような主張（原理）は、一九八九年の学習指導要領の学力観、教育観等の転換の基本的原理として働いているると考えることができる。現代の教科教育法や教育課程論と、ルソーの教育原理との関係性を問い続けつつ学習してほしい。

❷ ペスタロッチ（スイス、一七四六～一八二七）

本章の冒頭でもペスタロッチを引用したが、言説のみならず、彼の生き方そのものが理想的な教師像として描かれてきた。筆者の机上には玉川大学複製のペスタロッチ像が置かれていて、授業後のリフレクションの機会を与えるきっかけになっている。『隠者の夕暮』は個人的に文庫本で読み、『シュタンツ便り』はドイツ語の教育哲学演習（是常正美教授）で読む機会を得た。

彼の教育思想の基盤にはどのような人間も平等であるという人類愛があり、貧民の救済とその子弟の教育にたずさわりながら、「直観教授」「直観のＡＢＣ」「開発的教授法」「人間性の調和的発達」「労作教育」などと称されている教育方法の探究に努力した。

人間性には、精神力、心情力、技術力があり、これらの能力の開花していない芽を調和的に発達させることが「教育」であると捉えている。その際、「生活が陶冶する」という今日の体験学習に通じる教育論を唱え、「直観」をすべての認識の基礎に位置づける直観教授を推進した。また、わが国の学習指導要領という公式文書で「教え込み」から「学び」を重視する教育を説いたのは一九八九年の改訂期であるが、ペスタロッチの「開発教授」は、知識の注入主義ではなくて、子供の直接的経験と発展を援助する間接的教授を説くものであった。（明治期に導入されているが、定着しなかった）

このような事情を理解すると、古典を学ぶ意義が理解できよう。

❸ヘルバルト（ドイツ、一七七六〜一八四一）

ヘルバルトは『一般教育学』を著し、教育の「科学」を構築しようとした人物である。教育の目的を倫理学に求め、方法を心理学に求めたという点で、教育科学固有の目的や方法を構築したとはいえないが、今日でも、固有の「教育学」や「教育科学」とは何かが問われているのを考えると批判はできない。

彼は人間の道徳的品性の陶冶を教育の目的と考え、その実現のための方法として「明瞭」「連合」「系統」「方法」という四段階教授法を提唱した。これは彼の後継者であるラインらの五段階教授法となって明治期のわが国に紹介され、「五段、五段で明け暮れて、今日もお腹がヘルバルト」という浸透ぶりであった。また、彼のいう「教育的教授」とは教授、管理、訓練で構成され、ルソーの「消極的教育」論のような主観的自然主義に陥ることなく、教育の客観的側面にも論及していた。

❹フレーベル（ドイツ、一七八二〜一八五二）

筆者の中学校時代の教育は、公立の中学校でありながらも、フレーベルの『人間教育』を教育原理として展開されていた。フレーベルの教育論は幼児教育論として著名であるが、『人間教育』は幼児期に限定されたものではなく、生涯のあらゆる時期の教育の原理として通用するものと理解できる。

登校すると誰の命令や指導もなくすべての生徒が校内の清掃にあたる。当番やどこを清掃しろと担当が決められているわけではない。清掃が終わると遊びだ。やがて、チャイムがなり朝会が始まる。教師はほとんど指揮しない。生徒が朝会をすべてマネージする。体操の音楽がなると、校庭中に広がり、ラジオ体操だ。そして、マーチ風の音楽にかわり、教室に入っていく。この時、学級別の隊列ができるが、教師の合図や指揮はない。

授業も基本的には教師不在でも進行する。授業開始のチャイムとともに全員席につき、誰かが「導入」部分の発言をする。「展開」部分においても生徒が板書したものや、教科書のある部分を中心に討議を進め、解や結論を得る。これらのプロセスで教師は舵取りや援助者である。教壇はなく生徒の間に位置し、生徒一人ひとりの学習を把握しようとしている。詳しくは紙幅の都合で書けないが、教師は「教えない」のだ。フレーベルの教育論も、ルソーやペスタロッチの思想を継承したものであり、彼の教育理念を具体化するとこのような姿になる。

古典を、昔の先哲の理想論と理解するよりも、実際の授業に具現化すると、どのような授業形態になるのか、現代に通じる「不易」を座学の知識としてよりも、実践知にするところにおもしろみがある。

❺デューイ（アメリカ、一八五九〜一九五二）

アメリカの人間の生き方としての根源的な考え方にはプラグマティズムがあり、経験主義の哲学がある。彼は十九世紀末からそれまで支配的であった教育（論）に反対し、実際の社会生活の中で人間は成長発達するもので、その過程自体が教育であると捉えた（教育）哲学者である。シカゴ大学に実験学校を設けて、教育の在り方を検証する中で、プログレッシヴィズム（進歩主義）の新教育運動を展開した。

デューイの教育学におけるキー概念は、経験、生活、行動などである。「経験主義」の教育は、「為すことによって学ぶ（learning by doing）」の言葉に象徴されるように、ある問題状況を経験や体験することによって、その問題を解決する方法や知恵を学習することを教育の中核にする。これは「生活主義」の教育とも呼ばれる。学校の中においても、学校外の地域社会においても、実際の生活問題の解決を通じて学ぶことの大切さを主張する。このような教育が、子供の活動を中心に展開されるので「児童中心主義」の教育と呼ばれ、「教師中心の教育」と対比的に捉えられることが多い。

今日、児童生徒の「体験学習」の必要性が強調されている。しかし、デューイの時代とは異質な子供たちであり、「体験」の論理のコンテクストも異なるが、学ぶことは多い。古典を学ぶ意義はここにもある。彼の著作『学校と社会』『民主主義と教育』などは必読の書である。

その他にも、古くはソクラテス、プラトン、アリストテレスなどをはじめとして、近世におけるコメニウス(一五九二〜一六七〇)、ロック(一六三二〜一七〇四)、カント(一七二四〜一八〇四)など、さらには近代の新人文主義期における様々な教育学を提唱したナトルプ(一八五四〜一九二四)、ケルシェンシュタイナー(一八五四〜一九三二)、エレン・ケイ(一八四九〜一九二六)、クルプスカヤ(一八六九〜一九三九)、マカレンコ(一八八八〜一九三九)なども関心に応じて学習するとよい。西洋教育史の専門家(研究者)になるのではないから、古典に没入する必要はないが、教育における「原理」が何かについては、ポスト・モダンの哲学以上に「不易」を学習することができよう。

三　問われる教育の原理

❶ 教育理念の混迷

今日の学校において大きな問題の第一は、教職員間において教育理念の共有度が低いという現実である。これは、教育哲学の混迷を反映していようが、哲学に魅力がないというわけではない。その誘引性は強くても教育実践の基軸として作用するものが少ないためと考える。

教師は子供を前にして一つひとつの実践に「確信」をもって対応しなければならない。それが哲学的に見て深みのないもの、狭いものと批判されても、確かな実践哲学が求められる。そのため、学校は自らの哲学を創造し、確固とした信念をもって教育実践にあたる態勢をつくる必要がある。そこでは校長の教育理念が重要な役割を果たす。校長はスクールリーダーとして、教職員が惚れ込み、信じ込み、日常的な実践の礎となる教育理念を構築していかなければならない。それは教師が自らの実践を振り返り、修正し、高めていく原理として作用する、学校としての教育理念である。この構築に「古典」は大きく貢献する。

❷ 実践哲学への転換

教師の行動が問題にされるのは、社会が理想としての教師像を抱いているからだ。多くの人々は、様々な教師との「出会い」から理想像を抱くだろう。りっぱな教師との出会いは、その人の言動の一つひとつが人生の糧として残るものだ。心の痛みを感じた教師との出会いは、逆の教師像を理想と見るだろう。このようにして国民の誰しもが教師の現実の行動を監視している。

教職を志した人ならば、理想的教師像を先哲の言葉の中に見出すかもしれない。だが、ペスタロッチにそれを求めようが、開放的な教師に求めようが、はたまた庶民派の熱烈な「金八先生」に求めようが、自ら抱くイメージと現実の教師行動のズレを誰しもが問題にしている。

多くの人々が抱く教師に対する疑念を、マクロな抽象的なレベルで論議するのはけっこうだし、必要なことである。専門家も素人も、教師の「資質能力」論議を重ねていき、理想的教師像が少しでも収斂していくことを期待している。それは、教師を養成する機関や教師自らの研修の指針となるものだ。

その一方で、日常的な学校の中で見出される教師の問題行動について、具体的現実的なレベルで省みる必要がある。

日常的な学校の中で見出される教師の問題行動として、第一に取り上げるのは「見て見ぬふり」教師の存在である。この症状は、様々なパワーに萎縮して、自己の観念を行動に表出させず、もの言わぬ、ことなかれ主義に陥った状況である。公権力、運動団体の勢力、保護者の圧力、時として子供の威圧に負けてしまう教師行動である。学校にも「脅迫」の構造が存在し、それに積極的に対応できないのだ。

この症状の亜型は、様々に展開する。一つは、最も力のあるパワーにくみして、自己保存を図る行動に転化していく。二つは、自己の観念に近いパワーに依存してようやく自律感を保持するタイプである。三つは、すべてのパワーにおもねる態度を示す行動である。四つは、パワーから距離を置き、孤立化する行動である。五つは、自分がパワーを発揮できる対象＝弱者を見つけ、精神的均衡を保持するタイプである。いずれも退行的な行動であるから、多くは問題にされることはない。つまり、この行動群は「体制」の変革にかかわるものでないという理由で大きく取り上げられない。しかし問題は大きい。

第二の問題行動はいわゆる「はみだし」教師の行動である。日常的な学校経営にくみしない攻撃的な行動ゆえに、これは問題行動として、あるいは問題教師として、行政から、管理者から、同僚から、あるいは保護者や地域社会から、時として子供たちから、あるラベリングを伴って批判や評価の対象になる。

このような「はみだし」教師は、しっかりした教育観や子供観をもち、独特の指導を展開する人が多い。教科指導にしても生徒指導にしても、よく勉強し、経験の中で「理論と実践」を統合している教師である。したがって、日常的な「体制」内のルーティン化した指導から「はみだし」ていく。行政や管理者から伝達される表層的な目標や課題、それらを達成する手段の浅薄さにあきたらないのだ。しかしながら、このような教師も「はみだし」ていく前に、他の教師ととことん「対話」をしてほしい。また、行政も管理者も「対話」を積極的に経営に組み込んでいく努力が必要だ。

第三に問題にしたいのは日常行動のマンネリズムである。十年間同じ講義ノートで授業の方法や形態もまったく変化しない人がいる。また、毎日繰り返される会議や、毎年慣例的に行われる行事に何ら問題意識をもたないで参加する教師も多い。教師間の相互不干渉や学級王国に安住し、しかも安直な経験主義のもとで子供に接し、非創造的なサラリーマン教師になっていく。このような教師文化こそ問題にしなければならない。

第四は熱心な教師が陥りやすいバーンアウトの兆候である。新任教師の味わうリアリティ・ショック、そして多くの教師が抱く慢性的な多忙感やストレス感、また教育上の悩みや不満感、人間関係の軋轢、このような感情がこうじて「燃えつき症候群」のような行動も顕在化してきた。中途退職者の中にはこのような人もかなりいると聞いている。

第五はきわめて少数の教師の問題だが、授業をきちんとやらない人がいる。サボるのは論外だが、実験を怖がって映像教材でごまかすとか、方法的に難しい領域を読書や映像視聴にかえるケースがそれである。これも大きな問題行動だ。

このような教師の問題行動は、教師自身が学校文化への批判能力を失ってきているところに由来する。自らが理想とする教師像を追求すれば、自ずと自己の行動を批判的に見ることができる。そうした自己反省を教師集団で行えば、「対話」を通じて限りなく合意形成に近づいていく。学校経営は関係者の参加民主主義的コミュニティを形成していかなければならない。このことが、ポスト・モダンの二十一世紀をにらんだストラテジーである。

近代ヒューマニズムの先哲の教育理念は決して夢物語ではない。そこには理想的教師像が語られている。教師は、教育実践の迷いや挫折に遭遇した時、否、それに遭遇する以前に先哲の言葉に立ち返り、再び、子供たちの前に立とうではないか。教育実践の原理となる言説は名著古典の中に多く存在する。

【参考文献】
長田新監修（一九六〇）『ペスタロッチー全集』平凡社
シュプランガー著、吉本均訳（一九六二）『ペスタロッチ　研究教育の思考形式』明治図書
長田新著『ペスタロッチー伝』上巻（一九五一）下巻（一九五二）岩波書店
小原國芳・荘司雅子監修（一九七六）『フレーベル全集』玉川大学出版部

※これらの中の多くは絶版になっている。筆者の書斎にある書物を並べたが、明治図書、玉川大学出版部から刊行されている古典の名著集（シリーズ）を図書館を利用して学習することを奨励する。多くを精読する必要はない。しかし、自己の教育観を確立するプロセスにおいて、これだというものを見出してほしい。そのためにはある程度の多読が必要とされる。

執筆者紹介

編著者

曽余田浩史　広島大学大学院教育学研究科　（Ⅰ、Ⅲ、Ⅷ）

岡東　壽隆　広島大学名誉教授　（Ⅳ補説、Ⅻ）

執筆者

金川舞貴子　岡山大学　（Ⅺ）

佐々木哲夫　広島大学大学院教育学研究科　（Ⅲ三）

諏訪　英広　兵庫教育大学　（Ⅸ）

曽余田順子　呉共済病院看護専門学校（非常勤）　（Ⅴ）

田中　直哉　石川県立松任高等学校　（Ⅹ）

久恒　拓也　新見公立大学　（Ⅱ）

福本　昌之　大分大学　（Ⅵ）

森下　真実　広島都市学園大学　（Ⅶ）

山本　遼　東九州短期大学　（Ⅳ）

【編著者紹介】
曽余田　浩史（そよだ　ひろふみ）
1964年生、広島大学大学院教育学研究科・教授
〈主要著書〉
『学校経営重要用語300の基礎知識』（編著）明治図書、2000
『学校経営研究における臨床的アプローチの構築』（編著）北大路書房、2004
『学校づくりの組織論』（共著）学文社、2011

岡東　壽隆（おかとう　としたか）
1945年生、広島大学大学院教育学研究科・名誉教授
〈主要著書〉
『スクールリーダーとしての管理職』東洋館出版社、1994
『教師の勤務構造とメンタル・ヘルス』（共著）多賀出版、1997
『学校の組織文化とリーダーシップ』（編著）多賀出版、2000
『学校経営重要用語300の基礎知識』（編著）明治図書、2000

改訂版　新・ティーチング・プロフェッション
次世代の学校教育をつくる教師を目指す人のために

2019年4月初版第1刷刊
2024年9月初版第6刷刊
©編著者　曽余田浩史
岡東壽隆
発行者　藤原光政
発行所　明治図書出版株式会社
http://www.meijitosho.co.jp
（企画）茅野　現（校正）嵯峨裕子
〒114-0023　東京都北区滝野川7-46-1
振替00160-5-151318　電話03(5907)6701
ご注文窓口　電話03(5907)6668

＊検印省略
組版所　藤原印刷株式会社

Printed in Japan　ISBN978-4-18-050377-3